오늘날의
사도

APOSTLES TODAY
copyrigh ⓒ 2006 C. Peter Wagner
All right reserved.
Published by Regal Books from Gospel Light Ventura,
California, USA
All rights reserved.
Korean Translation Copyright ⓒ 2008 by Shekinah publications.

이 책의 한국어판 저작권은 쉐키나 출판사에 있습니다.
저작권법에 의해 한국에서 보호받는 저작물이므로 무단전재와 무단복제를 금합니다.

성서적 능력을 갖추기 위한 성서적 교회 구조

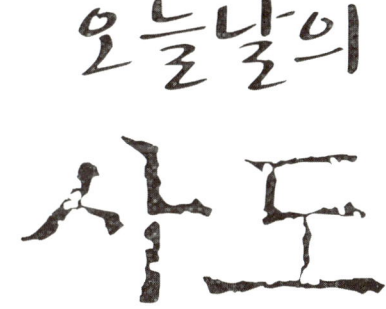
오늘날의 사도

피터 와그너 지음

박선규 옮김

• 차례 •

1장 표면에 떠오른 사도들 *7*
2장 사도들이 하는 일 *29*
3장 인격이 중요하다! *53*
4장 영적 은사들과 사도의 임무 *71*
5장 직함의 힘 *89*
6장 사도적 영역 *109*
7장 우리 각자에게 맞는 영역은 어디인가? *133*
8장 일터의 사도들 *161*
9장 사회의 변화를 위한 사도들 *185*
10장 결론: 새 술은 새 부대에 *215*

부록 사도란? *223*
미주 *237*

제1장

표면에 떠오른 사도들

The Apostles Have Surfaced

오늘날 우리 교회에 사도가 존재하는가? 대부분의 그리스도인들은 예수님께서 12명의 사도들을 이끄셨기 때문에 사도들의 존재를 믿는다고 말할 것이다. 하지만 사도들은 일반적으로 바이킹족, 고대 로마 군단, 16세기의 스페인 정복자들, 또는 마차를 탄 서부의 개척자들과 같이 지나간 시대의 인물들로 여겨지고 있다. 그들이 역사에 공헌을 한 것은 사실이지만, 세상은 앞으로 계속 전진해 왔다.

이러한 종류의 생각이 매우 지배적인 한 가지 이유는 교회 지도자들의 대부분이 신학교에서 그렇게 배웠기 때문이다. 나도 그렇게 배운 사람들 중의 한 사람이다. 내가 다닌 신학교들에서는 동시대의 사도들이 있을 수 있다는 생각은 결코 상상할 수 없는 개념이었다. 우리가 배운 것은 본래의 사도들 12명은 단 하나의 사명을 가지고 있었으며, 그것은 그들이 죽기 전에 완성되었다는 것이었다. 이 땅에서 사도들의 짧은 인생은 거기에서 마침표를 찍었다는 것이다. 결과적으로 나는 신학교를 졸업하면서 교회 역사가 시작된 이후 100여 년이 지난 후부터는 사도들이 사라졌다고 믿게 되었다.

하지만 이것은 잘못된 가르침이었다. 현재의 교회 구조를 볼 때에, 우리는 지금 교회 역사상 가장 획기적인 변화들 중의 하나를 경험하고 있다. 나는 이것을 "제 2 사도 시대"라 부르고 싶다.

제 2 사도 시대

제 2 사도 시대는 21세기에 나타난 한 현상이다. 내가 연구한 바에 의하면 이 시대는 2001년경에 시작되었다. 첫 사도 시대는 신약의 원 사도들이 그들의 사역을 완성한 후 약 200년 동안 지속되었다.

이것은 예수 그리스도의 교회 혹은 하나님 나라가 1800년 동안 일종의 동면 상태에 들어갔다는 말은 아니다. 절대 그렇지 않다. 참 교회 the true Church는 항상 우리와 함께해 왔다—어떤 때는 크게 또 어떤 때는 작게, 어떤 때는 강하게 또 어떤 때에는 약하게. 마태복음 16장 18절에서, 예수님은 "내가 내 교회를 세우리라"고 말씀하셨고, 이 땅에 사는 하나님의 백성들을 통해 2000년 이상 동안 그렇게 해오셨다. 하나님의 백성들은 복음을 전파하고, 제자들을 삼고, 갇힌 자를 자유케 하는 일들을 해왔다.

역사 속의 사도들

나는 교회 역사 속에서 사도들이 항상 존재해 왔다는 것을 전혀 의심하지 않는다. 불행히도, 악의 세력들이 지금까지 보이는 세상과 보이지 않는 세상에서 하나님의 백성들을 상자 안에 가두어 놓는 일을 열심히 해왔다. 과거를 돌아 볼 때에, 그레고리 타우마투구스Gregory Thaumaturgus, 투르스의 마틴Martin of Tours, 아일랜드의 패트릭Patrick of Ireland, 너시아의 베네딕트Benedict of Nursia, 보니파스Boniface, 캔터베리의 안셀름Anselm of Canterbury, 사바나롤라Savanarola, 존 위클리프John Wyclif, 마틴 루터Martin Luther, 프랜시스 사비에Francis Xavier, 존 녹스John Knox, 존 웨슬리John Wesley, 윌리엄 부쓰William Booth, 윌리엄 케리William Carey, 허드슨 테일러Hudson Taylor와 같은 위대한 인물들이 참된 사도들이라는 것을 누가 부인할 수 있겠는가? 윌버 채프먼Wilbur Chapman이 쓰고 1900년에 출판된 드와이트 무디의 전기에는 "이 시대의 가장 위대한 사도를 기념하며 바치는 글"이라는 부제가 달려 있다.[1)]

1900년대에 무디를 '사도'라 칭한 것은 분명히 관례에 맞지 않는 예외적인 것이었다. 일반적으로 볼 때에, 분명히 사도의 은사를 가지고 사역을 행한 자들이 교회에 의해 그러한 자들로 인정을 받지 못했다. 1800년대의 어빙가이트(Irvingites — 1832년에 어빙(Irving) 목사에 의해 세워진 첫 천주교 사도 교회: 역주)와 1900년대 초반의 사도적 교회와 같이 몇몇 현저한 예외들도 있었지만, 그들은 단지 당파적인 그룹들로 여겨졌을 뿐이었다. 역사적으로 볼 때에, 사도들은 첫 200여 년이 지난 후부터 잠식되었다. 그러나 시대가 변하고 있다. 이제는 교회의 많은 지도자들이 교회에서 사도의 은사와 직분을 인식하고, 인정하고, 긍정하고 있다. 사도들이 표면으로 드러나게 된 것이다!

현 우리의 위치에 이르기까지 약 100년이라는 시간이 걸렸다. 네 번의 강력한 성령의 역사들을 통해 수십 년에 걸쳐 제 2의 사도 시대를 위한 토대가 세워져 왔다.

1. 아프리카의 독립교회들 아프리카 전역에 서구 선교사들에 의해 세워진 첫 교회들은 그 선교사들을 보낸 유럽의 교회들과 매우 유사했다. 그러한 교회들은 독일 루터교, 영국 국교회, 스위스 개혁교회, 뉴잉글랜드의 회중교회들처럼 보였고, 또 이들과 비슷한 기능을 했다. 이러한 교회들에서 자라난 제 2세대 그리스도인들은 성숙해져 가면서 강단에서 흘러나오는 가르침이 자기들의 삶과 별로 연관성이 없다는 것을 인식하게 되었다. 결과적으로, 그들 중 많은 사람들이 자기 부모들이 다녔던 교회들에서 나와서 독립

교회들을 탄생시켰다. 이러한 독립교회들은 신학적 문맥에 강조점을 두었을 뿐만 아니라, 아프리카 문화와도 양립할 수 있었다. 구조적으로 볼 때에, 이러한 아프리카 독립 교회들은 일괄적으로 '사도'라는 명칭을 사용하지는 않았지만 본질상 사도적이었다. 이러한 교회들은 전통적인 교회들의 성장보다 훨씬 빨랐다.

2. 중국의 가정교회 중국에서 일어난 경이로운 가정교회 운동은 1975년 마오쩌둥 주석의 문화혁명이 끝났을 때에 시작되었다. 그 후 10여 년에 걸쳐서, 이 가정교회 운동은 전대미문의 영적 추수를 이루어 냈다. 어떤 사람들은 현재 중국 인구의 10%가 그리스도인이라고 추정하고 있다. 이 수치가 놀라운 것은 현재 중국 정부가 기독교를 심하게 탄압하고 있기 때문이다. 중국의 가정교회들은 또한 사도적인 구조를 가지고 있다. 비록 이들이 최근에서야 이 명칭을 사용하기 시작했지만 말이다.

3. 라틴 아메리카의 대중교회 1980년경 라틴 아메리카에서 복음주의 운동이 기하급수적으로 성장하기 시작했다. 이것은 대부분의 수도권 지역들에서 대중들로 구성된 대형교회들이 등장했기 때문이다. 3,000명에서 1만 명 정도의 성도들로 이루어진 이러한 교회들에서는 보통 외국 선교사들로부터 개인적인 지도를 받지 않았으며, 전통적인 신학교들이나 신학기관들에 다녀본 적이 없는 사

람들이 담임을 하고 있다. 이러한 교회들을 담임하고 있는 대부분의 목회자들은 그들이 사업에 종사하고 있는 동안에 교회를 개척하라는 부르심을 받았다. 이러한 교회들은 라틴 아메리카 문화들 내부에서 아주 잘 통합되고 있으며, 또한 사도적인 구조를 지니고 있다.

4. 미국의 독립적 은사주의 운동 오순절 운동의 가지라 할 수 있는 독립적 은사주의 교회들은 1970년경에 미국에서 성장하기 시작했다. 그 두 흐름들 사이의 차이점은 오순절 교회들이 대개 민주주의식 교회 구조를 가지고 있는 반면에, 독립 은사주의 교회들은 사도적 구조를 지니고 있다는 것이다. 1980년대 중반에 이르렀을 때에는, 은사주의 교회들이 미국에서 가장 빠르게 성장하는 교회가 되었다.

신 사도적 개혁

하나님께서 이러한 교회들에 주신 새 부대에 대한 나의 용어가 '신 사도적 개혁'이다. 이것을 '개혁'이라 부르는 이유는 종교 개혁 이후 '교회를 세워 나가는' doing church 방법에 있어서 가장 급진적인 변화가 목격되고 있기 때문이다. 이것을 '사도적'이라고 부르는 이유는 옛 부대와 비교해 볼 때에 여러 변화들 중에서 사도의 은사와 직분에 대한 인식이 가장 근본을 이루고 있기 때문이다. 이것을 '새로운(신)'이라고 부르는 것은 '사도'라는 용어를 공식적인 명칭으로 사용하는 몇몇 다른 전통적인 교회들과 구분되기 때문이다(전통적인 교단의 옛 부대로부터 신 사도적 부대에 이르기까지, 교회 생활에서 일어난 중요한 변화들에 대해 더 자세히 알기 원하면 나의 책 〈21세기 교회 성장의 지각변동〉*Churchquake*을 참조하라[Ventura, CA: Regal Books, 1999]).

성서적 토대

성령께서 내가 이 책에서 설명하고 있는 사도적 부대에 관해 교회에 말씀해 오고 계셨다면, 그것은 분명히 성서적인 것이다. 사도의 은사와 직분을 지지해 주는 주요한 성경구절들이 있다. 많은 구절들이 이것을 지지해 주지만, 핵심적인 세 구절은 다음과 같다. 엡 4장 11절, 엡 2장 20절, 고전 12장 28절.

이 구절들 각각을 살펴보자.

그가 혹은 사도로, 혹은 선지자로, 혹은 복음 전하는 자로, 혹은 목사와 교사로 주셨으니(엡 4:11).

이 구절이 지적해 주고 있듯이, 교회를 온전케 해주는 직분으로서 토대가 되며 구조를 이루는 다섯 개의 직분은 사도와 선지자와 복음 전하는 자와 목사와 교사이다. 여기에서 '그'는 죽음에서 부활하신 후 제자들과 40일을 보내신 후에 승천하시면서 그의 백성들에게 이러한 은사들을 주신 예수님이시다(엡 4:8). 예수님은 두 차원에서 교회에 은사자들을 주셨다.

(1)토대적이고 구조적인 차원에서(엡 4:11), (2)성도들을 통한 사역적인 면에서(엡 4:12).

이 다섯 직분에 대한 일반적인 용어는 '승천 은사들' the ascension gifts이다. 왜냐하면 예수님께서 처음으로 이러한 은사들을 주신 때가 바로 하늘로 올라가신 때였기 때문이다. 많은 사람들이 이것을 '오중 사역'이라 부르고 있지만, 적당한 명칭이 아닌 것 같다. 왜냐하면 '사역'이라는 단어가 11절에서는 언급되어 있지 않고, 12절에서 모든 성도들의 역할로 언급되었기 때문이다. 반면에 사도와 선지자와 복음 전하는 자와 목사와 교사는 다른 성도들이 사역을 할 수 있도록 준비시켜 주는 자들이다. 이것이 별로 중요한 말처럼 들리지 않을지도 모른다. 하지만 이것이 내가 다섯 가지의 승천 은사들을 '토대적' foundational 혹은 '구조적' governmental 혹은 '준비시켜 주는' equipping 직분들이라 부르는 이유이다.

너희[하나님의 집, 즉 교회]는 사도들과 선지자들의 터 위에 세우심을 입은 자라 그리스도 예수께서 친히 모퉁이 돌이 되셨느니라(엡 2:20).

우리에게 잘 알려져 있는 찬송가에 "교회의 유일한 참된 토대는 주님이신 예수 그리스도이시다"라는 가사가 있다. 이것은 일반적이고 신학적인 의미에서 분명히 진리이다. 왜냐하면 예수 그리스도 자신과 그 분의 사역 없이는 어떤 교회도 존재할 수 없기 때문이다. 하지만 예수님께서 이 땅을 떠나 승천하신 후 이루어진 교회의 성장과 발전의 역사를 볼 때에, 예수님은 토대foundation로서 보다는 모퉁이 돌cornerstone로 여겨지기를 더 좋아하셨음을 알 수 있다. 수 세기를 지나오는 동안 교회의 토대가 된 것은 사도들과 선지자들이었다. 모퉁이 돌은 토대를 함께 연결해 주고, 건물을 지어가기 위해 쌓는 모든 벽돌들의 안내가 되며, 기초가 되는 벽돌로서 중심을 잡아 주는 것이다. 교회 안에 사도들과 선지자들이 없이 예수님만 있다면, 토대가 없어서 튼튼한 건물을 세울 수 없게 된다. 이 둘(토대와 모퉁이 돌)은 항상 병행되어야 한다. 하나가 없이는 또 다른 하나가 존재할 수 없다.

"─터 위에 세우심을 입은(토대 위에 세워진)"이라는 구절이 내가 사도들과 선지자들과 복음 전하는 자들과 목사들과 교사들을 "토대가 되는" 직분이라고 부르는 또 하나의 이유이다.

하나님이 교회 중에 몇을 세우셨으니 첫째는 사도요 둘째는 선지자요 셋째는 교사요 그 다음은 능력이요 그 다음은 병 고치는 은사와 서로 돕는 것과 다스리는 것과 각종 방언을 하는 것이라(고전 12:28).

이 구절에서 첫째proton, 둘째duteron, 셋째triton와 같은 수를 통한 열거는 이것이 단순히 은사들과 직분들을 무작위로 뽑은 것이 아니라는 것을 암시해 준다. 여기에서 첫째proton라는 말은 사도들이 질서나 순서에서 맨 먼저 와야 한다는 의미로 해석돼야 한다. 그렇다고 해서 반드시 사도들이 계급hierarchy적인 의미에서 혹은 중요성의 의미에서 가장 으뜸이라는 말은 아니다. 계급은 낡은 가죽 부대old wineskin적 개념이다. 간단히 표현하면, 사도들이 없는 교회는 사도들이 있는 교회만큼 잘 기능하지 못할 것이라는 것이다.

전통적인 교회들은 사도들과 선지자들을 첫 사도 시대에 국한되는 직분들로 이해해 왔다. 이러한 직분들이 지금은 존재하지 않는다는 것이다. 이러한 이해를 따른다면, 고린도 전서 12장 28절의 말씀에 따라 사도와 선지자들 다음에 나오는 교사들이 순서적으로 먼저 나와야 한다. 그러나 이것은 분명히 맞지 않는 말이다.

지난 500년에 걸쳐서 신교의 교단들은 사도들과 선지자들에 의해서보다는 주로 교사들과 행정 담당자들administrators에 의해 좌우되었다. 이 말은 교단에서 어떤 일들을 집행하고 결정하는 중역들executives이 실상 행정 담당자들이라는 것을 의미한다. 물론 이들은 선하고 경건하고 지혜로운 자들이겠지만, 행정 담당자들은 행정 담당자들일 뿐이다. 지역 교회에 속한 대부분의 목사들은 잘 가르치는 교사들로 기대되며(적어도 설교가 매주 모이는 회중 모임의 핵심이 된 이후로), 목사들에게는 설교가 성도들을 가르치는 가장 우선적인 도구가 되었다.

고린도 전서 12장 28절을 보면, 지난 2세기 이상 동안 우리 교회의 구조가 역행하고 있었음을 알 수 있다. 그럼에도 우리는 세계의 많은 부분을 복음화해 왔다. 이제 우리 교회 구조가 올바로 세워진다면 어떤 일이 벌어질 것이라 생각하는가? 행정 담당자들과 교사들은 건강한 교회를 위해 필수적이며, 사도들과 선지자들이 제 위치에 서게 되면 훨씬 잘 기능하게 될 것이다.

제 2 사도시대라는 말을 처음 듣는 자들에게 가장 큰 걸림돌이 되는 것은 첫 2세기 동안에 사도와 선지자들이 교회의 토대를 놓는 일을 완수했다는 가정이다. 그럼으로 사도들이 더 이상 필요하지 않다고 생각하는 것이다. 그러나 우리 안에 이렇게 깊이 스며 있는 개념은 에베소서 4장 11절의 말씀을 볼 때에 성서적으로 뒷받침을 받을 수 없다.

예수님께서 교회에 사도들과 선지자들과 복음 전하는 자들과 목사들과 교사들을 주심으로 성도들을 준비시켜 사역을 하게 하셨다고 말씀하신 후에, 이러한 자들이 언제까지 필요한지에 대한 기간을 언급하셨다. "우리가 다 하나님의 아들을 믿는 것과 아는 일에 하나가 되어 온전한 사람을 이루어 그리스도의 장성한 분량이 충만해질 때까지"(엡 4:13). 우리가 이 수준에 이르렀다고 감히 말할 수 있는 사람이 있을까? 우리가 내릴 수 있는 합당한 결론은 그 다섯 가지 직분이 여전히 우리에게 필요하다는 것이다.

제2차 세계대전 이후의 사도들

미국에서는 제2차 세계대전이 끝난 직후에, 하나님께서 제 2 사도 시대의 사도들이 등장할 수 있는 문을 열어 놓기 시작하셨다. 여러 교회들이 사도의 직분을 인정하기 시작한 것이 바로 그 시기였다. 하지만 이 운동은 활발하게 진행되지 못했다. 그 시기 동안에, '늦은 비'Latter Rain, '회복 운동'Restorational Movement, '축사 복음주의'Deliverance Evangelism, '목양 운동'Shepherding Movement과 같은 용어들이 사용되었다.

이러한 운동의 지도자들은 그들이 시작한 것이 그들 세대의 온 교회를 개혁할 것이라는 큰 기대감을 가지고 있었다. 하지만 그러한 일은 일어나지 않았다. 제2차 세계대전 이후에 일어난 그러한 대부분의 운동들은 오늘날 더 이상 존재하지 않고 있다. 또한 존재하는 운동들도 상대적으로 거의 영향력을 발휘하지 못하고 있다.

하지만 이러한 운동을 일으킨 지도자들은 참된 선구자들이었다. 제2차 세계대전 이후에 그들이 일으킨 사도 운동들은 분명히 하나님에 의해 시작된 것이었다. 그것들은 참으로 영광스러운 운동들이었다. 엄청나게 많은 사람들이 구원과 치유와 축사를 경험했으며, 제자로 양육을 받고 선교사들로 파송되었다. 그러나 그러한 운동들을 이끈 많은 선구자들이 실수를 했다. 우리는 그러한 것들을 이상하게 바라보아서는 안 된다. 선구자들은 실수를 하게 되어 있다.

미국의 서부를 개척한 선구자들을 생각해 보라. 그들 또한 실수를 범했다. 그들은 너무 많은 물소들을 죽였고, 인디언들에게 행한 약속들을 어겼으며, 좋은 농장들을 황폐하게 만들었다. 그러나 그러한 실수들에도 불구하고, 선구자들은 오늘의 미국을 위한 토대를 놓아 주었다. 따라서 그들에게 경의를 표하는 것이다. 또한 우리가 50년 전의 기독교 지도자들에게도 경의를 표하는 것이 마땅하다. 그들이 현재 그리스도의 몸된 교회가 가지고 있는 새 가죽 부대를 형성하기 시작한 참된 선구자들이기 때문이다.

제2차 세계대전 이후의 사도 운동에 여러 가지 걸림돌이 있었다. 그들 중의 하나는 사도들을 위한 길이 중보자들과 선지자들에 의해 활짝 열려지지 않았다는 것이었다. 사도들은 중보의 은사가 있는 사람들, 그리고 선지자들과 긴밀한 관계를 맺어야 한다. 그렇지 않고서는 결코 하나님께서 의도하시는 그러한 모습으로 빚어질 수 없다.

중보자들, 선지자들, 사도들

제2차 세계대전 이후의 이러한 노력들이 주춤하기는 했지만, 완전히 사라지지는 않았다. 1990년대 초반에, 하나님께서 사도의 직분을 회복하는 것에 관해 교회에 다시 말씀하기 시작하셨다. 이번에는 과정이 달랐다. 이때에는 사도들을 위한 길을 닦기 위해서 먼저 중보자 직분을, 그 다음에는 선지자 직분을 포함하는 점진적인 과정을 밟아 나갔다.

1970년대에는 우리가 오늘날 보고 있는 세계적 규모의 기도운동이 출현하기 시작했다. 그리스도의 몸된 교회가 중보자의 은사와 직분을 받아들이기 시작한 것은 바로 그러한 과정을 밟고 있는 동안이었다. 1970년대와 1980년대에도 어떤 성도들을 '중보자들'로 인정하는 것이 여전히 낯설게 여겨졌다. 심지어 이상하게 보이기도 했다. 그러나 이제는 그렇지 않다. 현재 중보자들을 인정하지 않는 교단이나 교회는 거의 없다.

그리고 1980년대에 예언자의 은사와 직분이 교회 안에서 등장하기 시작했다. 물론 그 이 전에도 선지자들은 존재했다. 그러나 그들의 사역이 많은 교회들에 의해 광범위하게 이해되기 시작한 것은 바로 이 때부터였다. 1990년대에 선지자들의 사역이 왕성해졌고, 지금은 그들의 사역이 널리 인정을 받으면서 많은 사람들에게 도움을 주고 있다.

나는 뒤를 돌아다보면서 사도에 앞서 중보자들과 선지자들을 먼저 내세우신 하나님의 논리를 깨달을 수 있다. 중보자들의 역할은 하늘과 땅 사이에 서서, 그 사이에 활발한 교통이 이루어지게 하는 것이다. 그러한 교통이 이루어지게 되면, 하나님의 음성이 더욱 분명하게 들릴 수 있다. 그리고 우리 모두가 하나님의 음성을 들을 수 있지만, 하나님의 음성을 들을 수 있도록 특별히 임명을 받은 자들이 선지자들이다. 하나님의 백성들을 향한 메시지를 받아서 알리는 것이 그들의 역할이다. 그러나 대부분의 선지자들은 그들이 받은 대부분의 메시지들을 가지고 어떻게 해야 할지를 잘 모른다고 고백할 것이다. 선지자들과 함께 일하면서, 하나님께서 어떤 특정한 계절에 이 땅에서 이루어지기를 원하는 것들에 질서를 부여하고, 그러한 것들을 수행하는 임무를 가진 자들이 바로 사도들이다.

21세기를 위한 새로운 임무

나는 이러한 선구자적인 노력들을 직접 경험해 보지 못했기 때문에 여기저기에서 들은 것을 가지고 쓰고 있다. 나는 1955년부터 안수받은 목사로서 사역을 해 왔지만, 내가 전에 몸담고 있었던 전통적인 복음주의 진영에서는 그 당시의 사도들과 치유 복음 전도자들에 관해 아는 것이 전혀 없었다. 1950년 초반에 내가 다니던 신학교의 교수님들로부터 그러한 것들에 대해 잠깐 듣기는 했지만, 그들은 그러한 선구자적인 노력들을 주류에서 일탈한 사람들이 하는 것으로 간주해 버렸다. 나는 하나님께서 내 개인적으로 하고자 하는 계획들보다, 먼저 사도적 사역을 세우라는 분명하고 새로운 임무를 주셨던 1993년에야 비로소 사도 운동에 강한 공감을 느낄 수 있었다.

21세기의 전야라 할 수 있는 1999년이 되어서야 〈21세기 교회 성장의 지각 변동〉*churchquake*이라는 책을 출간할 수 있었다. 그리 오래된 일이 아닌 것처럼 느껴진다.

이 말을 하고 보니 타이밍의 문제가 떠오른다. 제2차 세계대전 직후, 즉 20세기의 후반부 50년은 전 교회 역사의 3%에도 지나지 않는다. 그리고 1990년대 초반에 사도적 교회 운동이라는 개념이 다시 출발한 이후의 시간은 교회 역사 중 0.5%에 지나지 않는다. 제 2 사도 시대는 아직 유아기에 있지만, 이미 매우 강해졌다. 이러한 운동은 단지 어떤 유행이 아니라, 하나님의 역사이다. 이러한 혁명적인 새로운 계절에 참여해, 우리 자신이 역사의 중심점에 있는 것을 발견하는 것이 얼마나 흥분되는지 아는가?

동의하지 않는 어떤 사람들

이러한 나의 평가에 동의하지 않는 사람들도 있다. 제2차 세계대전 직후에, 높이 존경을 받는 많은 기독교 지도자들이 막 태동을 한 사도 운동에 강경하게 반대하였다. 사도로 부름을 받은 지도자들이 실수할 때마다, 그들을 반대하는 자들은 뛰어 들어서 "봐, 내가 그렇게 될 것이라고 말했지!"라고 말할 준비가 되어 있었다. 제2차 세계대전 이후에 일어난 이러한 운동들이 지금까지 지속되지 못한 중요한 이유는 주로 경험적 관찰에 기초한 비평들이 너무도 강력했기 때문이다.

심지어 오늘날에도 신 사도적 개혁에 대한 비판이 지속되고 있다. 실례로 빈슨 시난Vinson Synan이라는 사람이 있다. 오늘날, 오순절/은사주의 운동에 대한 최고의 역사가가 시난이라는 것을 부인할 사람은 거의 없을 것이다. 그의 저서 〈성령의 세기〉The Century of the Holy Spirit는 역사상 획기적인 작품이라 할 수 있다. 나는 시난을 매우 존경한다. 아마도 그렇기 때문에 현대에 신 사도적 운동에 반대하는 인물들의 대표로 그를 선택하게 된 것 같다. 그는, 다음과 같이 썼다.

"스스로 사도라고 주장하는 사람들은 진정한 사도가 아니라고 말하는 것이 맞을 것이다. 사도는 스스로 임명하거나, 혹은 교회에 의해 선출되는 것이 아니라, 주님에 의해서만 선택된다."[2)]

오늘날 가장 존경을 받는 그리스도의 몸(교회)들 중의 하나인 미국 하나님의 성회The U.S Assemblies of God는 신 사도적 개혁을 반대하는 데 있어서 시난보다 더욱 강경한 입장을 취하고 있다. 제

2차 세계대전 후, 1949년에 있었던 그들의 총회는 "교회가 현재의 사도들과 선지자들의 토대 위에 세워진다는 가르침은 잘못된 것이다"[3]라고 선포했다. 이것은 이 교단이 "현재의 사도와 선지자들이 교회 사역을 다스려야 한다는 가르침은 성서로부터 벗어난 것이며, 그릇된 가르침이다"[4]고 선포했던 2000년 총회에서 다시 반복되었다.

이 운동이 중단될 것인가?

내가 이러한 비판들을 인용한 것은 현재의 사도 운동이 이전과 같이 중단될 위험에 처해 있는가에 관한 질문을 제기하기 위함이다. 나는 내가 관찰한 다음의 네 가지 때문에 이 운동이 중단되지 않을 것이라고 믿고 있다.

1. 우리는 선구자들의 실수들로부터 배웠으며, 그것들을 반복하지 않기로 결심했다. 나는 현대의 많은 사도들과 교제하면서 이들이 새로운 유형의 그리스도인들이라는 것을 확신하게 되었다.

2. 이 사도 운동이 있기 전에, 현재 이 운동을 형성하고 발전시키는 역할을 하고 있는 중보자들과 선지자들이 등장했다. 오늘날 우리에게는 중보기도와 예언에 관한 매우 훌륭한 책들이 많이 있

다. 제2차 세계대전 직후에는 이러한 책들이 전혀 없었다고 해도 과언이 아니다.

3. 1990년대 후반에 **나타나기 시작한 사도 사역의 다른 양태들에 대한 실제적인 책들이 많이 증가하고 있다.** 많은 저자들이 이 사도적 운동에 대한 성서적·역사적·신학적 토대를 잘 세워 주고 있다. 하나님께서 선구자들에게 없었던 통찰력들을 계시해 주셨고, 지금도 계시해 주고 계신다.

4. **사도들 사이에서 서로를 도와주고 격려해 주는 여러 많은 모임들이 형성됨에 따라, 각각의 사도들은 그들의 사역과 인격에 대해 더욱 책임 있는 삶을 살게 되었다**(이 부분에 대해서는 후에 더 자세히 다룰 것이다).

하나님은 그의 교회에 신 사도적 개혁이라는 새 부대를 주셨고, 도래하는 오랜 시간 동안에 걸쳐서 그 부대에 새 포도주를 부어 주실 것이다.

제2장
사도들이 하는 일

What Apostles Do

참된 사도를 어떻게 구분할 수 있을까? 사도의 사역을 하고 있는 자들이 정말 사도이다. 하지만 많은 사람들은 여전히 '사도라 칭함을 받는 자들'이 정말 사도인지에 대한 확신을 가지고 있지 않다.

문제는 현대의 사도를 믿지 않는 사람들만이 이러한 질문을 하는 것이 아니라, 사도들도 다른 사도들에 대하여 이러한 질문을 한다는 것이다. 이렇게 볼 때에 참된 사도를 분별하는 법에 대한 질문이 합당한 것 같다. 우리가 이 질문에 대한 만족스러운 해답을 발견할 수 없다면, 신 사도적 개혁은 토대부터 흔들리게 될 것이다.

누군가로부터 "이 사람이 정말 목사입니까?"라는 질문을 들어 본 적이 있는가? 혹은 "이 사람이 정말 교사입니까?" 또는 "이 사람이 정말 복음 전도자입니까?"라는 질문을 들어본 적이 있는가? 목사와 교사와 복음 전도자는 사도와 선지자와 같이 에베소서 4장 11절에 등장하는 일부분일 뿐이다. 이 질문에 대답하기 위해서는 다음의 세 가지 요소들을 생각해 보아야 할 것이다.

안전지대

첫 번째 요소는 편안한 것을 추구하는 우리의 자세와 관련이 있다. 오늘날 대부분의 성도들은 사도와 선지자의 개념보다는 교사와 목사와 복음 전도자들에게 더 익숙해져 있다. 왜 그런가? 현대의 사도와 선지자들에 대한 개념이 상대적으로 새로운 것이기 때문에, 익숙하지 않은 것이 현상을 유지하는 데 도전이 된다.

역사적으로 볼 때에, 교회에 교사들이 존재하지 않았던 때는 없었던 것 같다. 교사들은 첫 번째 사도 시대 이후로 항상 존재해 왔다. 하지만 목사들은 종교 개혁이 있은 후부터 존재하기 시작했다. 그 때에 교회에 몰래 숨어 들어온 구약의 '제사장' 직을 목사들이 대체하게 되었다. 이렇게 볼 때에 목사들은 약 500년 동안 우리와 함께해 왔다. 따라서 우리 모두는 목사직에 매우 익숙해져 있다. 그러나 복음 전도자들은 찰스 피니의 시대, 즉 1800년 중반에 등장하기 시작했다. 그 후로 지금까지 약 150년이라는 시간은 우리가 복음 전도자의 직분에 부담을 느끼지 않기에 충분한 시간이었다. 몇몇 교단들은 '복음 전도자들'의 이름을 정기적으로 그들의 출판물에 싣고 있으며, 아무도 여기에 이의를 달고 있지 않다. 빌리 그레이엄과 라인하트 봉케Reinhart Bonnke와 루이스 팔라우Luis Palau가 복음 전도자들이라는 것에 이의를 달 사람은 아무도 없을 것이다.

하나님께서 오늘날 교회에 사도들과 선지자들을 세우고 계신다는 개념이 20년도 못되었기 때문에, 많은 사람들이 이 개념에 부담을 느끼고 있는 것은 그리 놀라운 일이 아니다. 좋은 소식은 점점 더욱 많은 지도자들이 선지자와 사도의 직분을 긍정하는 방향으로 움직이고 있다는 사실이다. 현재 '은사주의적 복음주의자들'로 여겨지는 그리스도의 몸 안에서는 사도와 예언자의 직분이 공식화되어 가고 있다.

2004년 1월에, 스트랑 커뮤니케이션Strang Communications은 이 문제를 논의하기 위해 오순절과 은사주의 계열에서 높은 수준에 있는 지도자들과 사도적 지도자들의 모임을 개최했다. 50~60명 정도가 참여했다. '올랜도 성명서'Orlando Statement에는 다음과 같은 내용이 들어 있다. "우리는 에베소서 4장에 기록되어 있는 목사와 교사와 복음 전도자의 사역뿐만 아니라, 고린도 전서 12장에 기록된 은사들이 신약 후기에도 여전히 유효하다는 것을 확언한다. 따라서 사도들과 선지자들의 활동이 신약 후기에도 여전히 유효하다는 것을 확언하는 것이 자연스러운 귀결이다."[5]

개인적인 상처

'사도'라는 용어를 사용하는 사람들이 정말 사도인가에 대한 의문을 제기하는 사람들의 두 번째 이유는 개인적인 상처와 연결되어 있다. 앞 장에서, 나는 제2차 세계대전 이후의 선구자적 사도들이 약간의 불미스러운 실수들을 범했다는 것을 언급했다. 이들은 지나치게 권위주의적이고, 위협적이며, 조정하려는 자세를 취했다.

그 결과로 인해 많은 개인들과 가정들이 내면의 상처를 입게 되었다. 따라서 그 당시의 몇몇 사도들에게 느꼈던 환멸감이 오늘날까지 존속되어 온 것은 그리 놀라운 일이 아니다. 다행스럽게도, 그러한 많은 사람들이 상처를 치유받고, 앞으로 전진해 나아가고 있다. 게다가 이전 세대들이 실수한 것과는 달리, 사도적 지도력을 개인적으로 남용하지 않을 새로운 세대가 등장하고 있다.

오늘날 사도로 인정받고 있는 사람들은 제 2사도 시대의 사도적 지도력이 이전 세대가 범한 실수를 반복하지 않고 있다는 것을 증명해야 하는 부담을 떠안고 있다. 사실, 사도들의 인격과 성품의 이슈가 매우 중요하기 때문에, 나는 이 책에서 그 문제에 관하여 한 장 전체를 할애할 것이다.

사도적 권위

"이런 사람도 사도인가?"라는 질문이 제기되는 세 번째 이유는 사도로 인정받고 있는 사람들이 지니는 지나친 권위와 관련되어 있다. 사도적 권위의 문제는 매우 중요하기 때문에 상세한 설명이 필요하다.

눈이나 귀나 허파가 몸의 다른 기관들과 다른 것과 같이, 사도들도 그리스도 몸의 다른 구성원들과 차이가 있다. 그러면 이들을 다른 구성원들과 다르게 구분지어 주는 것이 무엇인가? 여러 가지가 있지만, 그중에서 가장 두드러진 특징은 그들이 지니는 특별한 권위라 할 수 있다. 이것이 고린도 전서 12장 28절에 반영되어 있다. "하나님이 교회 중에 몇을 세우셨으니 첫째는 사도요 둘째는 선지자요 셋째는 교사요…." 여기에서 보듯이 사도가 하나님께서 정하신 교회 리더십의 질서에서 맨 먼저 등장한다.

〈21세기 교회 성장의 지각 변동〉*Churchquake*에서, 나는 전통적인 교단에 속한 교회들과 비교해서 신 사도적 개혁을 따르는 교회들이 어떻게 기능하는지를 설명해 놓았다. 그 책에서 나는 이 둘 사이에 두드러진 주요한 차이점을 '성령에 의해 각 사람들에게 주어진 영적 권위의 분량'이라고 지적해 놓았다.[6] 이 구절에서 중요한 두 단어는 '권위'와 '각 사람들'이다.

신뢰가 주어지는 곳

전통적인 교단들에서는 보통 권위가 각 사람들이 아니라 그룹에 주어진다. 그렇기 때문에 우리가 집사회, 이사회, 장로회, 총회와 같은 말들을 자주 듣는다. 하지만 신 사도적 개혁 하에서는 신뢰가 그룹에서 각 사람들에게로 이동된다. 각 지역 교회의 수준에서, 목회자는 이제 교회의 고용인이 아니라 교회의 지도자로서 기능을 한다. 그러나 지역의 범위를 벗어난 수준에서는, 사도가 목회자들과 다른 지도자들의 신뢰를 얻어 기능하게 된다. 신뢰는 필연적으로 권위를 부여해 준다.

사도 바울은 그의 사도적 권위를 주장하는 데 있어서 아무런 거리낌이 없었다. 예를 들어, 고린도 교회에는 "바울이 정말 사도인가?"라고 질문을 하는 사람들이 있었다. 그 때에 그는 자기가 사도적 권위를 지니고 있을 뿐만 아니라, 심지어 그것에 대해 자랑한다고 반응했다. "주께서 주신 권세는 너희를 파하려고 하신 것이 아니요 세우려고 하신 것이니 내가 이에 대하여 지나치게 자랑하여도 부끄럽지 아니하리라"(고후 10:8).

그러면 이렇게 특별한 권위가 어디로부터 오는가? 나는 내가 쓴 여러 책들에서 이 주제에 대해 상세하게 다루었기 때문에, 여기에서 사도적 권위의 다섯 가지 중요한 출처에 대해 간략하게 언급하려 한다.

1. 사도들은 영적 은사를 지니고 있다. 사도의 영적 은사라는 것이 있다. 이 은사의 한 부분은 강한 영향력이다. 하나님께서 그들에게 사도의 은사를 주기로 선택하셨기 때문에 그들이 사도라는 것을 아는 것이 사도들에게 권위의 확고한 토대를 제공해 준다(제4장에서 영적 은사들을 이해하고 활용하는 것에 대해 좀더 자세히 다룰 것이다).

2. 사도들은 임무 혹은 소명을 가지고 있다. 모든 사도들이 사도의 은사를 가지고 있지만, 그들 모두가 똑같은 임무를 가지고 있는 것은 아니다. 하나님께서 주신 사역의 임무를 아는 사도들은 그들이 하나님의 뜻 안에 있다는 것을 안다. 따라서 그들은 권위를 가지고 임무를 성취하는 일에 자유함을 얻을 수 있다(이 주제 또한 4장에서 더 상세히 다룰 것이다).

3. 사도들은 특별한 수준의 인격을 지니고 있다. 이들은 교회의 지도자는 "흠이 없어야 하며"라는 요구 사항을 충족시키는 자들이다(딤전 3:2). 이것에 대해 다음 장에서 더 이야기하겠지만, 거룩한 인격이 권위를 가져온다는 것에는 의심할 여지가 없다.

4. 사도들에게는 따르는 자들이 있다. 어떤 사람이 사도의 은

사를 지니고 있다는 것을 외적으로 증명해 주는 중요한 요인은 이 은사를 인식하고 그들의 사도적 권위에 기꺼이 순종하려는 사람들이 있다는 것이다. 따르는 자들이 없다면 사도가 있을 수 없다! 다음의 옛 격언처럼 말이다. "당신이 인도하고 있다고 생각하지만 아무도 따르지 않는다면, 당신은 단순히 산책을 하고 있는 것이나 다름 없다."

5. 사도들은 비전을 가지고 있다. 사도들은 선지자들과 올바로 연결될 때에 하나님으로부터 계시를 받아 다음과 같이 말할 수 있다. "이것이 성령께서 지금 교회에 말씀하고 계시는 것입니다." 신뢰를 얻은 사람이 이러한 말을 할 때에는 엄청난 권위가 수반된다.

자칭 사도들

빈슨 시난Vinson Synan이 다음과 같이 말한 것은 옳았다. "사도는 스스로 임명하거나 교회에 의해 선출되는 것이 아니라, 주님에 의해 선택되어진다." 사실, '자칭 사도'라는 용어는 어의적으로 볼 때에 모순이 된다는 것을 알 수 있다. 목사나 교사가 자기 자신에 의해 임명되지 않는 것과 같이, 사도 또한 스스로에 의해 임명되지 않는다. 스스로를 임명한 거짓 사도들과 거짓 목사들과 거짓 교사들이 있지만, 이 책에서는 오직 참 사도들에 대해서만 말할 것이다.

어떤 사람을 사도로 만들겠다는 하나님의 결심이 사람들에 의해 인정받고 확증되어야만 한다. 누군가 "하나님께서 나를 사도로 부르셨습니다"라고 말하지만, 아무도 그 말에 동의하지 않는다면, 나는 그 사람이 하나님으로부터 정확하게 들었는지에 대해 의심을 할 것이다.

하나님의 음성을 듣는 자들이 있다. 예를 들어, 고린도 교인들은 바울을 사도로 선출하지 않았다. 바울은 고린도 교인들에게 편지를 쓰면서 자신의 권위가 주님에 의해 주어졌다는 것을 분명하게 언급했다(고후 10:8). 그러나 고린도 교인들은 주님께서 바울을 사도로 부르셨다는 것을 인정하지 않았다. 따라서 그들은 바울을 사도로 인정하지 않은 만큼 하나님의 뜻 밖에 있었던 것이다! 그곳은 머물러 있기에 매우 위험한 장소였을 것이다.

은사 대 직분

사도의 은사와 직분 사이에는 매우 중요한 차이가 있다. 이 둘은 똑같지 않다. 영적 은사는 사도의 은사이건 또 다른 은사이건, 하나님의 은혜와 그 분의 선택에 의해 어떤 사람들에게 주어진다. '은혜'에 대한 헬라어는 카리스charis이다. 이 말은 '영적 은사'를 의미하는 카리스마charisma라는 단어의 일부분이다. 모든 은사들은 은혜의 선물이라 할 수 있다.

은사는 하나님의 은혜에 의해 주어지는 반면에, 직분은 일 혹은 사역을 통하여 주어진다. 나아가서 직분은 하나님에 의해 우리에게 주어지는 것이 아니라, 사람들에 의해 주어진다. 누군가에게 사도의 직분을 주려 할 때에 고려해야 할 중요한 지침은 그 사람이 정말 은사를 가지고 있는지를 확인해 주는 외적 증거, 즉 은사의 열매이다. 어떤 사람이 영적 은사를 지니고 있다는 것이 인정되고, 그 사람에게 직분이 주어지면, 이 직분이 그 사람을 공적으로 확언해 주는 것이다. 따라서 이 사람은 그리스도의 몸 안에서 은사를 사용할 수 있는 권위를 부여받게 된다. 하나님으로부터 은사를 받은 사람들이 많지만, 아직 직분을 얻지 못함으로 인해 그들의 목적을 온전히 수행하지 못하고 있는 자들이 많다.

사도의 직분은 책임 있는 사람들에 의해 주어진다. "이 사람이 사도입니까?"라는 질문을 할 때에, 이어지는 질문들 중의 하나는 "어떤 사람들이 이 사람을 사도로 인정하고 있습니까?"여야 한다. 이 부분에서는 사도들을 따르는 자들이 중요한 역할을 지니고 있다. 그러나 더욱 중요한 것은 동료 사도들의 확증이다. 이러한 이유 때문에 현재 사도들이 자발적으로 국제 사도 연합(International Coalition of Apostles: ICA)과 같은 이런 저런 종류의 협회들 안에서 함께 모이고 있다. ICA는 가능한 한 많은 사도들을 서로 연결시켜주고자 하는 취지에서 만들어진 기관이다. 이러한 일이 일어날 때에, 사도의 직분에 대한 훨씬 광범위한 상호 인증이 있게 될 것이다. 그러면 또한 현대의 사도 사역에 대한 신뢰도가 증가하게 될 것이다.

때로, 공적인 의식에서 사도로 인정을 받는 사람은 자기의 사도적 은사를 인정해 주는 다른 사도적 지도자들을 초청할 수 있다. 이러한 일은 사도적 운동이 성장해 가는 과정의 한 부분으로서 자주 일어나고 있다. 대부분의 사도들은 이러한 행사를 '안수'ordination가 아니라, '위임'commissioning으로 명명해야 한다는 것에 동의하고 있다. 그 이유는 사도로 인정받는 자가 대개 안수라는 공공 의식을 이미 거쳤기 때문이다. 결과적으로, 이러한 새로운 의식은 이미 안수받은 목사를 다른 직분으로 위임하는 것이다.

'사도'의 정의

참으로 흥미로운 것은 최근에 사도의 은사와 직분에 관해 책을 쓴 대부분의 저자들이 '사도'에 대한 합당한 정의를 내리지 않고 있다는 것이다. 정의를 내리는 다른 여러 접근법들을 가장 종합적으로 다룬 책은 데이비드 캐니스트레이시David Cannistraci의 〈사도들과 일어나고 있는 사도 운동〉*Apostles and the Emerging Apostolic Movement* 이다. 그는 다음과 같이 정의 한다. "사도는 영적 권위와 인격과 은사들과 능력을 가지고 사람들에게 다가가서, 특별히 지역 교회들을 설립하고 감독하는 일을 통해, 그들을 하나님 나라의 진리와 질서에 거하게 하는 일을 위해 그리스도에 의해 부름을 받고 보내진 자들이다."[7] 해럴드 에버를Harold Eberle의 정의는 좀 더 간단명료하다. "진정한 사도는 특정한 임무를 성취하기 위해 하나님에 의해 보냄을 받은 사역자이다."[8]

이 책은 내가 사도들과 관련하여 쓴 다섯 번째 책이다. 앞의 네 권의 책에서는 사도에 대한 정의를 내리지 않았다. 그 책들을 쓸 당시에는 이 주제와 관련해 내가 매우 빠른 속도로 배우고 있었기 때문에, 내가 어떤 정의를 내린다 할지라도 곧 개정되어야 할 것이라는 생각이 들었다.

그것도 여러 번에 걸쳐서! 하지만 나는 ICA에 공식적으로 받아들여진 한 정의를 고안해 내게 되었다. 이 정의는 지금 시간의 흐름 속에서 합당한 것인지 아닌지에 대한 시험을 통과하기 시작하고 있다.

> 사도는 지정된 사역의 영역 내에서 교회의 기초적인 구조를 세우기 위해 하나님으로부터 권위와 더불어 은사와 가르침과 위임과 파송을 받은 기독교 지도자이다. 사도는 성령께서 교회들에 들려 주시는 말씀을 들음으로써, 그리고 하나님 나라의 확장을 위해 질서를 세워나감으로써 이 일을 성취할 수 있다.

나는 최대한 간단하고 기본적인 정의를 내리려 노력했다. 사도에 대한 이 정의는 가장 요점적인 정의라 할 수 있다. 하나님께서 각 사도들에게 주신 특정한 임무가 무엇이든지에 상관없이, 나는 이 정의가 모든 사도들이 지녀야 하는 타협할 수 없고 필수적인 요소들을 분명하게 제시해 주기를 소망한다.

사도들이 하는 일

우리가 모든 사도들에게 기대할 수 있는 사역에는 12가지가 있다. 그러나 사도들이 그러한 사역들을 모두 똑같은 방식으로 혹은 똑같은 수준에서 행하지는 않을 것이다. 그들은 다음과 같은 특징적인 일들을 행할 것이다.

1. **계시를 받음** 사도들은 성령께서 교회들에 하시는 말씀을 듣는다. 이러한 계시들 중 어떤 것들은 그들에게 직접 오기도 하고, 어떤 것들은 선지자들과 더불어 혹은 선지자들과의 적절한 관계를 통해 주어지기도 한다.

2. **비전 제시** 사도들의 비전은 그들이 받은 계시에 기초한다.

3. **태동시킴** 사도들은 새로운 일들을 자발적으로 계획하고 시작하는 자들이다.

4. 풀어 주기 하나님은 다른 사람들 안에 축복을 풀어 주기 위해 사도들을 사용하신다(롬 1:11).

5. 세워 나감 사도들은 어떤 프로젝트를 주의 깊게 계획하고, 의도된 방향을 따라 그것을 성취할 방법들을 모색한다. 또한 그 일에 필요한 자금을 조달할 방법들도 모색한다.

6. 질서 부여 사도들은 어떤 것들의 질서를 바로 잡는 일에 능숙한 자들이다. 그들은 선지자들과 함께 하나님 나라의 성서적 토대를 놓는 자들이다(엡 2:20).

7. 가르침 초대 교회의 성도들은 사도들의 가르침을 받는 일에 열심을 다했다(행 2:42).

8. 파송 사도들은 하나님 나라를 확장해 나가는 데 있어서 자기 역할을 충실히 행할 준비가 된 자들을 파송한다.

9. 완성 사도들은 하나님의 프로젝트나 하나님의 한 계절을 의도된 방향으로 완성할 수 있다. 그들은 그러한 프로젝트가 끝나기까지는 편안히 쉴 수 없다.

10. **전투** 사도들은 하나님 나라 군대의 장군들로서, 영적 전투에서 교회를 지휘한다.

11. **세대들 사이를 연결** 사도들은 하나님의 목적들에 대한 장기적인 시각을 가지고 미래를 위해 다음 세대의 리더들을 양육한다. 다시 말해서, 그들은 믿음의 자녀들에게 영적 아비와 어미의 역할을 한다. "그리스도 안에서 일만 스승이 있으되 아비는 많지 아니하니 그리스도 예수 안에서 복음으로써 내가 너희를 낳았음이라"(고전 4:15). 이 부분에 대한 아주 훌륭한 자료로서 래리 크라이더의 〈영적 아비를 향한 갈망〉The Cry for Spiritual Fathers and Mothers을 추천한다.

12. **준비시킴** 에베소서 4장 12절 말씀과 같이, 사도들은 사역을 위해 성도들을 준비시킨다.

사도들은 서로 다르다

사도들이 모두 똑같지 않다는 것을 기억하는 것이 매우 중요하다. 와치먼 니Watchman Nee는 가장 잘 알려진 초대 교회의 사도들 중 세 사람(베드로, 바울, 요한)에 관하여 매우 흥미로운 관찰을 했다. 그는 이 세 사람들 사이의 차이점이 그들로 하여금 서로 적대시하는 것이 아니라 서로를 보완해 준다고 지적했다. 예를 들어, 베드로는 우선적으로 돌파구를 여는 사람, 즉 바다에 그물을 던지는 사람으로서 선구자이며 복음 전도자였다. 바울도 그러한 일들 중 일부를 하기는 했지만 우선적으로는 그리스도의 신비를 알게 하고, 성도들로 하여금 장성한 분량에 이르게 하며, 교회의 질서를 바로 잡아 주는 건축가였다. 요한은 교회가 유명무실해지고 여러 가지 실수들로 인해 존재의 위협을 느끼기 시작했던 때에 등장했다. 그는 우선적으로 하나님의 백성들로 하여금 그들이 잃었던 지위를 되찾게 해주는 회복자였다.

와치먼 니는 다음과 같이 말했다.

"우리에게는 먼저 영혼을 모으는 일을 했던 베드로가 있으며, 그 다음으로 지혜로운 건축가였던 바울이 있다. 그리고 실패가 위협적으로 다가올 때에, 그리스도의 마음속에서 결코 지워진 적이 없는 본래의 목적이 여전히 실현될 수 있다는 것을 재확인시켜 준 요한이 있다…. 우리가 말해 온 것들의 실질적인 핵심은 이것이다. 즉 교회를 온전케 하기 위해서는 이렇게 다른 세 사람의 보완적이고 서로 연결된 사역들이 필요한 것이다." [9]

나는 어떤 참된 사도들이 다른 사도들이 가지고 있는 많은 일반적인 특징들을 가지고 있지 않다는 것을 알고 있다. 그러나 사도에 대한 나의 정의에 이러한 모든 것들을 포함시킴으로써 그 정의를 크게 확대시키고 싶지는 않다. 그 이유는 간단하다. 사도들은 서로 다르기 때문이다.

사도들이 하는 일 이외에도 많은 사도들(대부분은 아닐지라도)이 가지고 있는 열두 가지의 특징들이 있다. 어떤 사람들은 그중 어떤 것들은 사도의 정의 속에 포함되어야 한다고 주장할지도 모른다. 그들이 이렇게 주장하는 이유는 그러한 특정한 부분들에서 높은 점수를 받지 못하는 사람은 사도로 인정받아서는 안 된다고 생각하기 때문이다. 나는 그러한 견해를 존중한다. 그리고 그러한 주장이 옳을 수도 있다. 하지만 나의 결론은 이러한 특징들 중 어느 것들도 이 장에서 제기된 질문, "이러한 사람이 정말로 사도입니까?"에 대한 대답을 위한 최종적인 테스트가 되어서는 안 된다는 것이다.

다음에 나오는 열두 가지의 성서적 특징들은 사도들이 '질서를 세워 나가는' 과정에서 필요한 집합적이고 기초적인 요소들이다. 앞에서 언급한 대로 질서를 세워 나가는 것은 사도에 대한 기본적인 정의의 한 부분이다.

1. **예수님을 개인적으로 봄.** 열두 명의 제자들은 예수님을 보았고, 바울도 예수님께서 다메섹 도상에서 나타나셨을 때에 주님을 보았다. 바울이 고린도 전서 9장 1절에서 말한 내용을 보라. "내가 자유자가 아니냐 사도가 아니냐 예수 우리 주를 보지 못하였느냐 주 안에서 행한 나의 일이 너희가 아니냐?" 내가 오늘날 알

고 있는 사도들에 대한 비공식적인 조사에 의하면, 그들 중 20%가 예수님을 개인적으로 본 자들이다.

2. 표적과 기사 등 초자연적인 기적들을 행함. "사도의 표된 것은 내가 너희 가운데서 모든 참음과 표적과 기사와 능력을 행한 것이라"(고후 12:12). 내가 알고 있는 거의 모든 사도들은 그들의 사역 속에서 육체적인 치유가 일어나는 것을 본 자들이다. 하지만 베드로와 같이 그림자를 통해 집단의 사람들이 치유되는 것을 본 자들은 많지 않다(행 5:15). 따라서 이 특징을 적용할 때에는 강도 혹은 정도의 차이가 있다는 것을 고려해야 할 것이다.

3. 교회 개척. "내게 주신 하나님의 은혜를 따라 내가 지혜로운 건축자와 같이 터를 닦아 두매 다른 이가 그 위에 세우나…"(고전 3:10). 교회를 개척하는 것이 매우 중요한 사도적 특징이기는 하지만(데이비드 캐니스트레이시는 사도에 대한 그의 정의에 이것을 포함했다), 모든 사도들이 교회를 개척하는 사역을 하는 것은 아니다.

4. 지역 교회의 목사들(혹은 장로들)을 임명하고 감독하기. 바울과 바나바는 교회를 개척하고 되돌아가서 "각 교회에서 장로들을 택하여 금식하며 기도했다"(행 14:23). 바울은 그레데에 있는 그의 사도 팀의 일원인 디도에게 부족한 일을 바로잡고 각 성에 장

로들을 세우게 했다(딛 1:5).

5. **교회의 분쟁 해결하기.** 고린도 교회의 성도들은 서로 분쟁하고 있었다. 바울의 글을 읽어 보라. "내가 너를 그레데에 떨어뜨려 둔 이유는 부족한 일을 바로잡고 나의 명한 대로 각 성에 장로들을 세우게 하려 함이니"(고전 1:10). 사도들은 종종 분열을 해결해 일치를 이루게 하라는 부름을 받는다.

6. **제명을 포함하는 훈육하기.** "너희 중에 심지어 음행이 있다 함을 들으니 이런 음행은 이방인 중에라도 없는 것이라 누가 그 아비의 아내를 취하였다 하는도다…. 주 예수의 이름으로 너희가 내 영과 함께 모여서 우리 주 예수의 능력으로 이런 자를 사단에게 내어 주었으니 이는 육신은 멸하고 영은 주 예수의 날에 구원 얻게 하려 함이라"(고전 5:1, 4-5). 교단의 목사들 중에는 이러한 종류의 과감한 조치를 취할 수 있는 자들이 거의 없다. 하지만 사도들은 필요할 때에 이러한 조치를 취하는 것에 거리낌을 느끼지 않는다. 참으로 가슴 아픈 일이었지만, 나는 수년 동안 ICA의 여러 회원들을 해고하거나 사임을 촉구해야 했다.

7. **다른 지도자들을 위한 영적 보호막 쳐 주기.** "내가 겐그레아 교회의 일꾼으로 있는 우리 자매 뵈뵈를 너희에게 천거하노니

너희가 주 안에서 성도들의 합당한 예절로 그를 영접하고 무엇이든지 그에게 소용되는 바를 도와줄지니 이는 그가 여러 사람과 나의 보호자가 되었음이니라"(롬 16:1-2). "디모데가 이르거든 너희는 조심하여 저로 두려움이 없이 너희 가운데 있게 하라 이는 저도 나와 같이 주의 일을 힘쓰는 자임이니라 그러므로 누구든지 저를 멸시하지 말고 평안히 보내어 내게로 오게 하라 나는 저가 형제들과 함께 오기를 기다리노라"(고전 16: 10-11).

8. 육체적으로 핍박받음. "내가 지극히 큰 사도들보다 부족한 것이 조금도 없는 줄 생각하노라… 유대인들에게 사십에 하나 감한 매를 다섯 번 맞았으며 세 번 태장으로 맞고 한 번 돌로 맞고 세 번 파선하는 데 일 주야를 깊음에서 지냈으며"(고후 11:5, 24-25).

9. 재정적 지원을 끌어내어 나누어 줌. "그중에 핍절한 사람이 없으니 이는 밭과 집 있는 자는 팔아 그 판 것의 값을 가져다가 사도들의 발 앞에 두매 저희가 각 사람의 필요를 따라 나눠 줌이러라"(행 4:34-35). 대부분의 사도들은 하나님께서 그들에게 주신 비전을 이행하기 위해 필요한 재정적 자원들을 얻어 낼 수 있다.

10. **귀신들 쫓아내기**. "심지어 사람들이 바울의 몸에서 손수건이나 앞치마를 가져다가 병든 사람에게 얹으면 그 병이 떠나고 악귀도 나가더라"(행 19:12). 많은 사도들이 축사 사역을 하기는 하지만, 모든 사도들이 하는 것은 아니다.

11. **주술의 저주 끊기**. 바울은 빌립보에서 주술의 영을 끊어 주었고(행 16:16-18), 구브로에서는 신비 사술자 엘루마와 직접 대결했다(행 13:8-11).

12. **잦은 금식**. 바울은 스스로 사도의 자격을 갖추었다고 말하면서, 자주 금식했다는 것을 언급했다(고후 11:27).

우리는 사도들로부터 기대할 수 있는 이와 같은 목록들을 읽으면서 참된 사도적 사역을 한다는 것이 만만치 않다는 것을 깨닫게 된다. 예수님께서 누가복음 12장 48절에서 말씀하신 것을 기억하라. "무릇 많이 받은 자에게는 많이 찾을 것이요 많이 맡은 자에게는 많이 달라 할 것이니라."

인격: 필수조건

이번 장은 우리가 "이런 사람이 정말 사도입니까?"라는 질문에 어떻게 접근해야 할지를 알도록 도와줄 것이다. 하지만 우리가 살펴본 다양한 형태의 사역들 중 그 어느 것도 정결한 마음을 대체할 수 있는 것은 없다.

제3장

인격이 중요하다!

Character Counts

대부분의 사도들은 구조를 세우고, 교회를 개척하고, 예수님을 보고, 육체적 핍박을 받고, 표적과 기사를 동반한 사역을 하고, 앞 장에서 열거한 임무들을 수행한다. 하지만 "모든 사도들이 모범적 인격을 나타내는 것은 아니다"라고 말한다면, 당신은 어떤 생각이 들겠는가?

아마도 당신의 머릿속에 적신호가 보이고, 비상벨이 울릴 것이다. 현저한 인격적 결함을 가진 사람이 어떻게 다른 사람들에게 자기의 리더십을 따르라고 말할 수 있겠는가? 어떤 사도가 행위에 대한 하나님의 기준을 충족시키지 못하는 다른 사람을 사도로 확언 혹은 임명하겠는가?

사도 바울의 주된 표시

나는 사도들에 관하여 쓸 때에, 고린도 전·후서를 자주 인용한다. 그 두 개의 서신서가 사도들에 관하여 많은 정보를 담고 있는 주된 이유는 고린도 교회 안에 바울이 정말 사도라는 것을 강력하게 부인하는 그룹의 성도들이 있었기 때문이다. 이러한 것이 바울의 심기를 불편하게 했다. 따라서, 바울은 이 두 서신서에서 자신의 사도직을 강력하게 변호한다. 사실, 그는 매우 기분이 언짢았기 때문에 좀 차분하고 냉정했더라면 하지 않았을 말들까지 했다. 이것 때문에, 이 두 서신서가 사도들과 사도적 사역에 대한 내적 정보를 우리에게 제공해 준다. 그러한 일이 없었다면, 이러한 정보를 얻지 못했을 것이다.

바울이 자신의 사도직을 변호한 구절들 중의 하나는 고린도 후서 12장 12절이다. 거기에서 그는 다음과 같이 말한다. "사도의 표된 것은 내가 너희 가운데서 모든 참음과 표적과 기사와 능력을 행한 것이라." 우리가 살펴본 대로, 표적과 기사는 사도들 사이에서 일반적인 것이다. 하지만 이 특정한 구절 속에서, 바울은 표적과 기사를 언급하기 전에 먼저 인격적 특성-참음 perserverance-을 말한다.

'참음'은 킹 제임스 역에서 '인내'로 번역되어 있다. '인내'라는 단어는 우리가 생각하는 것보다 좀더 깊은 의미를 담고 있다.

예를 들어 당신이 슈퍼마켓에서 물건을 산 후에 계산하기 위해 긴 줄을 서 있다고 가정해 보자. 그 줄이 매우 천천히 움직이고 있다. 이 때에 당신은 짜증을 내는 대신에 차분하게 순서를 기다릴 수 있을 것이다. 훌륭한 태도이다. 그러나 '인내'는 이러한 것보다 더 깊은 의미를 지니고 있다. 데이비드 캐니스트레이시는 인내를 "저항에 직면해도 물러나지 않고 버티는 것" 그리고 "주위의 모든 것이 탈선할 때에도 요동하지 않고 정박하고 있는 것"으로 정의했다.[10] 우리가 어떤 사람이 사도인지 아닌지를 평가할 목적으로 바라볼 때에, 먼저 그 사람의 인격을 살펴보아야 한다. 반복해서 말하지만, 사도적 사역에 있어서 인격은 다른 모든 자격 요건들 중에서 가장 필수적인 것이다.

빌 해몬이 여기에 동의한다. "새로운 종류의 사도들이 지혜의 영에 의해 힘을 얻을 것이다…. 그들은 사랑으로 역사하는 믿음 안에서 사역을 할 것이다…. 그들의 인격은 성령의 열매와 일치할 것이다…. 그들의 태도와 행동, 그리고 다른 사람들과의 관계는 고린도 전서 13장 말씀과 같이 아가페적 사랑에 기초할 것이다."[11]

나는 또한 데이비드 캐니스트레이시가 다음과 같이 말한 것을 좋아한다. "표적과 기사와 강력한 행동들은 분명히 중요한 위치를 차지하고 있다. 그러나 훌륭한 인격의 나타남 없이 단순히 그러한 은사들과 능력들만을 가지는 것은 해로울 뿐만 아니라 무용지물이다." 그는 다음과 같이 결론을 내렸다. "사도적 직분은 어떤 다른 단일 요건보다 우선적으로 인격의 문제와 관련되어 있다."[12)]

성경적 시험을 통과하기

내가 개인적으로 매우 잘 알고 있기 때문에 그들에 대한 인격을 평가할 수 있는 사도들은 모두 성경적 시험을 통과한 자들이다. 이것이 나를 놀라게 하지는 않는다. 사실 이것이 정말 내가 기대하는 것이다. 보통을 넘어서는 뛰어난 인격을 갖추지 않고는 참된 사도가 될 수 없다. 내가 이렇게 대담하게 말할 수 있는 근거가 있다. 즉, 누군가를 사도로 만드는 유일한 분은 하나님이시다. 그리고 하나님은 거룩함과 겸손함에 대한 그 분의 기준에 맞지 않는 자들을 사도로 임명하지 않을 것이라는 가정 때문이다.

내가 인격이라는 말 앞에 수식 형용사 '뛰어난'extraordinary을 사용했지만, '완벽한'이라는 말을 사용하지는 않았다. 이 지구상의 어떤 사람도 태도나 행동이나 관계적인 부분에서 개선의 여지가 없을 만큼 완벽하거나 혹은 앞으로 완벽할 자는 없을 것이기 때문이다. 성경에서 종종 '완벽한'이라는 말로 번역되는 헬라어 '텔레이오스'teleios는 흠이 없는 도덕적 성품을 지칭하는 것이 아니라, 성숙함을 지칭하는 말이다.

예를 들어, 예수님께서 "그러므로 하늘에 계신 너희 아버지의 온전하심과 같이 너희도 온전하라"(마 5:48)고 하셨다. 예수님은 단순히 우리가 하나님께서 우리에게 원하시는 모든 것에 부끄럽지 않은 삶을 살라는 의미로 그렇게 말씀하신 것이다. 나는 이 구절을 다음과 같이 번역한 메시지 바이블을 좋아한다.

"성장해라. 너희들은 하나님 나라의 백성들이다. 이제 그러한 백성답게 살아라. 하나님께서 너희들에게 주신 목적에 맞는 삶을 살아라. 다른 사람들에게 관용과 은혜를 베푸는 삶을 살아라. 하나님께서 너희를 향하여 그렇게 하신 것처럼."

사도들은 수준이 높은 자들이다

이제 왜 사도의 인격이 특별하고 보통 사람보다 뛰어나야 하는지를 살펴보자.

아무도 완벽할 수 없다는 것에 우리가 동의한다면, 또한 다른 것들에도 동의할 수 있을 것이다. 사도들이 온전함을 향해 다른 훌륭한 성도들보다 더 높은 수준에 있어야 한다는 것에 동의하자. 내가 이렇게 말하는 것은 하나님께서 특별한 수준의 심판을 행하실 것이기 때문이다. 이 말을 듣고 놀라는 사람들이 있을 것이다. 하지만 야고보서 3장 1절 말씀을 숙고해 보라. "내 형제들아 너희는 선생 된 우리가 더 큰 심판을 받을 줄을 알고 많이 선생이 되지 말라."

이것을 다르게 말하면 지도자들을 위한 심판의 수준과, 그리스도의 몸을 구성하는 다른 성도들을 위한 심판의 수준이 다르다는 것이다. 야고보서에서는 교사들이 지도자들의 실례로 사용되었다. 또한 고린도 전서 12장 28절 말씀을 보자. "하나님이 교회 중에 몇을 세우셨으니 첫째는 사도요 둘째는 선지자요 셋째는 교사요 그 다음은 능력이요…." 이 목록 중에서 세 번째로 나오는 교사들이 더 큰 심판을 받는다면, 첫 번째로 등장하는 사도들은 어떠하겠는가? 이들보다 더 큰 심판을 받지 않겠는가?

사도들은 그들이 온전하기 때문이 아니라, 거룩함과 겸손함에 대한 하나님의 기준을 충족시키기 때문에 사도들이다.

사도적 거룩함

내가 사도들을 거룩하다고 말하면, 이 말이 옳지 않다고 생각할 성도들이 많이 있을 것이다. 그 이유는 그들이 어떤 인간도 (사도들을 포함하여) 이 세상에서 '거룩'해질 수 없다는 가르침을 받아왔기 때문일 것이다. 종교 개혁을 일으킨 위대한 신학자였던 마틴 루터와 존 칼빈은 성도들이 거룩함을 추구하며, 시간이 지나면서 더 높은 수준의 거룩함으로 나아가야 한다고 가르쳤다. 하지만 또한 아무도 스스로 거룩하다고(죄가 없다는 의미)말해서는 안 된다고 가르쳤다. 이러한 견해는 통상적으로 "성화에 대한 개혁 신학의 교리"the Reformed doctrine of sanctification로 알려져 있다. 이것은 또한 내가 신학교에서 배운 것이기도 하다. 따라서 내가 이것을 다른 시각으로 바라보기까지는 꽤 오랜 시간이 걸렸다.

많은 교회들이 "거룩 거룩 거룩 전능하신 주여"라는 유명한 찬송을 부르고 있다. 이 찬송은 하나님의 거룩함을 매우 아름답게 강조하고 있다. 이 찬송 중에는 "오직 주님만이 거룩하십니다"라는 구절이 나온다. 이것이 무엇을 의미하는지 아는가? 이 세상에서 거룩하신 분이 오직 하나님이시라면, 우리들 중 아무도 거룩할 수 없다는 말이다. 이 노래는 개혁 신학의 관점에서 쓰인 찬송이다.

루터와 칼빈이 죽은 후, 약 2세기가 지난 후에 존 웨슬리가 등장했다. 그는 패러다임을 성화에 대한 개혁 신학의 교리로부터 우리가 현재 "웨슬리안적 거룩함"이라 부르는 것으로 바꿀 수 있을 만큼 영향력이 있는 인물이었다. 그는 거룩하신 하나님을 섬기는 자들 또한 거룩해져야 한다는 것을 믿었다. 감리교, 나사렛, 구세군, 오순절과 같이 잘 알려진 교단들과, 또한 다른 많은 교단들이 존 웨슬리의 가르침을 따르고 있다.

나는 수년 동안 성화에 대한 개혁 신학의 교리를 믿고 가르쳤다. 내가 영적 전투에 대해 직접 가르치고 전투를 행하는 일에 깊이 관여하던 1980년대 후반까지 그랬다. 그 때에 처음으로 신디 제이콥스를 만났고, 그녀는 내가 한 번도 잊은 적이 없는 권위 있는 말을 내게 해주었다. "영적 전투에 임할 때에는 하나님의 전신 갑주를 입어야 합니다. 그러나 하나님의 전신 갑주를 입고도, 그 밑에 정결한 마음을 갖고 있지 않으면, 전신갑주에 틈이 생기게 될 것입니다." 이 말 속에는 그러한 틈을 첫 번째로 알아 내는 존재가 사탄이며, 그러한 것들 때문에 전투에서 쉽게 사상자가 될 것이라는 의미가 포함되어 있다.

개인적으로 경험한 패러다임의 변화

이것으로 인해 내 안에 하나님에 대한 두려움이 생겨나게 되었다. 나는 성화에 대한 나의 개혁 신학적 교리를 가지고는 하나님께서 1990년대에 나에게 맡겨 주신 강렬한 수준의 중보기도와 영적 전투 속에서 살아남지 못할 것이라는 것을 알고 있었다. 그래서 웨슬리안적 거룩함의 교리를 연구하기 시작했고, 그것이 가장 성경적인 견해라는 결론을 내리게 되었다. 나는 어떤 죄악들을 내 삶의 정상적인 부분으로 지니고 다녀도 괜찮다는 개념에 더 이상 만족할 수 없었다.

나는 이제 한 번에 하루씩 죄 없는 삶을 사는 것이 가능하다는 것을 믿고 있다. 거룩함은 단순히 바람직한 이상일 뿐 아니라, 또한 잊기 쉬운 이상이기도 하다. 그러나 우리는 얼마든지 거룩해질 수 있다. 성경 말씀을 보자. "오직 너희를 부르신 거룩한 자처럼 너희도 모든 행실에 거룩한 자가 되라"(벧전 1:15). 하나님은 우리가 할 수 없는 어떤 것을 하라고 요구하는 분이 아니시다. 따라서 우리의 모든 행실에서 — 어떤, 혹은 대부분의 행실이 아님 — 거룩하라는 것은 우리가 충분히 다다를 수 있는 것이다.

죄 없이 살 수 있다는 나의 말을 오해하지 마라. 우리가 죄악을 범하는 것이 불가능한 어느 수준에 이를 수 있다는 말이 아니다. 우리 모두는 죄를 지을 수 있으며, 대부분은 한 번 이상 죄를 지을 것이다. 하지만 죄를 지면, 우리는 그 죄를 고백하고, 하나님은 우리 죄를 사하시며 우리를 깨끗케 하실 것이다. 우리는 해가 질 때까지는 우리가 그날에 지은 모든 죄를 고백해야 한다. 이따금씩 죄를 짓는 사람이 반드시 인격적 결함을 가지고 있는 것은 아니다. 하지만 우리가 죄를 즉시 다루지 않는다면 인격적 결함이 된다. 더욱이 알면서도 죄를 반복해서 짓는다면 더 심한 인격적 결함이 될 것이다.

예수님의 제자들은 일년 반의 간격을 두고 두 번에 걸쳐 예수님께 기도하는 법을 가르쳐 달라고 요구했다. 그 때에 예수님은 우리가 현재 '주기도문'으로 알고 있는 기도를 그들에게 가르쳐 주셨다. 주기도문을 사용해 매일 기도한다면, 우리는 거룩한 삶을 살아가기 위해 필요한 것을 갖게 될 것이다. 나는 내가 거룩해져야 한다는 것을 안 이후부터 주기도문을 매일 기도해 왔다(단순히 주문처럼 말한 것이 아니다).

하루를 죄 없이 시작하기

매일 아침 나는 "내가 나에게 죄 지은 자를 용서해 준 것과 같이, 내 죄를 용서해 주세요"라고 기도한다. 이 기도를 통해 나는 지난 24시간 동안 혹시 죄를 범해 놓고 고백하지 않은 것이 있는지를 살펴보게 된다.

내가 죄를 지었다는 것을 어떻게 알 수 있는가? 나는 매일 성령으로 충만케 해달라고 기도하며, 누가복음 11장 11-13절 말씀의 약속에 따라 하나님께서 그렇게 하신다는 것을 확신한다. 성령님을 모시고 사는 유익들 중의 하나는 그분이 죄와 의와 심판에 대해 깨닫게 하신다는 것이다. 내가 성령으로 충만하다면, 성령께서 나의 죄악들을 깨닫게 할 책임을 지실 것이다. 그리고 나는 그 분이 그렇게 하실 때에, 죄를 고백한다. 예를 들어, 오늘 아침 내가 내 죄를 용서해 달라고 기도했을 때에, 성령님은 아무 것도 떠오르지 않게 하셨다. 이런 식으로 해서, 나는 죄 없이 하루를 시작할 수 있다는 것을 안다.

이 기도 후에, 하나님께서 내 기도에 응답하실 것이라는 것을 믿으면서 "시험에 들게 마옵소서"라고 기도한다. 그 분이 내 기도에 응답하신다면, 나는 하루 종일 시험에 들지 않을 것이기 때문에 죄를 짓지 않을 것이다. 나는 하루 종일 시험에 들지 않을 것이며, 죄를 짓지 않을 것이라는 생각을 지니게 된다. 그렇다고 해서 내가 죄를 지을 수 없다는 말은 아니다. 때로 죄를 범하지만 대부분은 죄를 짓지 않는다.

나는 또한 "악한 자에게서 구하여 주옵소서"라고 기도한다. 이 기도가 응답된다면, 나는 하루 종일 보호를 받게 될 것이다. 하루 일과를 마치고 잠자리에 들게 될 때에, 나는 보통 하루 종일 거룩한 삶을 통해 주님을 기쁘시게 한 것을 회상해 볼 수 있다.

나는 사도들이 거룩한 삶을 살기를 기대한다. 왜냐하면 성경에 나와 있는 교회의 지도자들을 위한 자격 목록들에 개인적인 거룩함이 들어 있기 때문이다. 예를 들어, 디모데 전서 3장 1-7절을 보라. 거기에는 감독의 자격 요건들이 기록되어 있는데, 이것들은 사도들에게도 동일하게 혹은 더 엄격하게 적용되어야 한다.

그러한 자격 요건들 중에는 리더십, 비전 제시, 치유, 예언, 웅변술 혹은 학식과 같은 은사들이나 능력들과 관련된 것들은 거의 없다. 가르침이 그 목록 안에 들어 있지만, 대부분의 자격 요건들은 다음과 같은 인격적인 것들과 관련이 있다. 가족을 잘 다스림, 자기 조절, 성숙, 대접을 잘함, 절제, 화평함, 물질적 만족….

3장 인격이 중요하다! 65

평판이 좋고 흠이 없어야

그러한 자격 요건들 중에서 가장 가혹한 것은 첫 번째 것과 마지막에 나오는 것이다. 흠이 없고(딤전 3:2), 외인에게서 선한 증거를 얻어야 함(딤전 3:7). 하나님께서 의도하신 대로 사역을 해 나가기 위해서, 사도들은 흠이 없어야 한다. 이것이 가능한가?

사도 바울의 예를 들어보자. 고린도 교회에 그가 쓴 편지를 살펴보자. 고린도 전서에서, 그는 당 짓는 것에 대해, 우상에게 드려진 음식을 먹는 것에 대해, 서로를 법정에 소송하는 것에 대해, 비윤리적인 것을 용납하는 것에 대해, 거짓 교리에 대해, 성만찬을 할 때에 술 취하는 것에 대해 고린도 교인들을 가차 없이 꾸짖는다. 바울이 다음과 같은 반응을 기대했으리라는 것에는 의심의 여지가 없다.

"바울은 자기 자신을 누구라고 생각하는 거야? 그 또한 이와 똑같은 일들 혹은 더 심한 것들을 행하지 않는가!" 따라서 바울은 그러한 반응을 뿌리부터 제거하기 위해 고린도 전서 4장 4절에서 다음과 같은 놀라운 말을 한다. "나에게는 자책할 만한 것이 아무 것도 없다." 여기에서 사도 바울은 스스로를 흠이 없는 사람이라고 주장하고 있다.

바울은 흠이 없었기 때문에 그 후에 다음과 같은 말을 할 수 있었던 것이다. "그러므로 내가 너희에게 권하노니 너희는 나를 본

받는 자 되라"(고전 4:16). 이것은 역사상 가장 위대한 사도들 중의 한 사람만이 할 수 있는 특별한 말이 아니라, 모든 사도들에게 표준적인 것이 되어야 하는 말이다.

사실, 어떤 이유로든지 자기를 따르는 자들에게 "나를 본받는 자가 되라"라고 말할 수 없는 사도들은 자신들에게 정말 사도적 부르심이 있는지를 다시 평가해 보는 것이 좋을 것이다. 그렇게 말하지 못하는 것은 반드시 고쳐야 하는 인격적 결함의 증상일 수도 있다.

교만

디모데 전서 3장에 나오는 지도자에 대한 자격 요건들 중의 하나는 초신자가 되어서는 안 된다는 것이다. "새로 입교한 자도 말지니 교만하여져서 마귀를 정죄하는 그 정죄에 빠질까 함이요"(딤전 3:6). 교만은 효과적인 사도 사역을 방해하는 큰 장애물이다. 교만함에 대한 유혹은 언제나 도사리고 있다. 그 이유는 사도들에게 특별히 많은 권위가 주어지기 때문이다. 사도적 운동을 비판하는 자들이 자주 사용하는 진부한 표현들 중의 하나는 사도들이 건방지고, 권위주의적이고, 조종하려 하고, 자기를 높이며, 거만하다는 것이다. 한마디로 말해서 교만하다는 것이다!

진실하고, 기름 부음이 있고, 강력하고, 열매를 맺으며, 매우 열정적이고, 임무 중심적인 사도들 중 내가 알고 있는 자들은 교만하다는 비난을 받을 만한 자가 한 사람도 없다. 어떤 사람들은 외향적으로 바라볼 때에 교만하게 보일 수도 있을 것이다. 그러나 그러한 표면적인 것 밑에 있는 마음을 들여다보면 그러한 인상이 오래 가지 않을 것이다.

사도의 겸손

얼마 전에, 나는 매년 열리는 ICA의 정기 모임을 시작하기 위해 연단에 올라 있었다. 그 자리에는 400명 정도의 사도들이 참석해 있었다. 나의 첫 마디는 이러했다. "수백 명의 겸손한 사람들과 함께 같은 방에 있게 되어 너무 좋습니다!" 이 말을 던진 후 그들의 반응을 보기 위해 잠시 멈추었다. 어떤 이들은 멋쩍은 웃음을 지으며 약간의 불안정한 모습을 드러냈다. 또 어떤 이들은 회의적인 눈으로 나를 바라보았다. 그들은 마치 "오, 그래!"라는 투로 말하는 것처럼 보였다. 그러나 대부분의 사람들은 내가 그들을 어디로 이끌고 갈지를 보기 위해 아량 있는 웃음을 지어 보였다.

그래서 내가 "겸손하지 않은 자들은 아무도 참으로 합당한 사도가 될 수 없기 때문에 그렇게 말했다"고 설명했다. 무슨 의미인지 알겠는가? 예수님의 말씀을 보자. "누구든지 자기를 높이는 자는 낮아지고 누구든지 자기를 낮추는 자는 높아지리라"(마 23:12). 사도들은 고린도 전서 12장 28절에 따라 교회에서 가장 높은 직분들 중의 하나를 지니고 있다. 예수님은 하나님 나라에서 높아질 수 있는 유일한 방법을 자신을 낮추는 것이라고 말씀하셨다. 고든 린드세이Gordon Lindsay도 사도와 겸손에 대해 다음과 같이 말했다. "참된 사도들은 우선적으로 그들의 사도 사역을 겸손으로 나타낼 것이다." [13]

우리는 겸손에 대해 이야기하는 것을 꺼려 하는 성향을 가지고 있다. 여기에는 여러 가지 이유가 있겠지만, 그 이유들 중 불필요한 것들을 버릴 수 있다면 매우 좋을 것이다. 그렇게 하는 것이 쉽지는 않겠지만 말이다. 나는 어느 정도 그렇게 할 수 있었다. 그렇기 때문에 겸손이라는 제목으로 한 권의 책을 쓸 정도가 되었다. 이 책 안에서, 나는 우리가 우리 자신의 겸손에 대해 과거에 했던 것보다 좀더 이야기하기 시작해야 한다고 주장했다. 모세가 그렇게 했다. 그는 다음과 같이 말했다. "이 사람 모세는 겸손함(개역성경에는 온유함으로 번역됨)이 지면의 모든 사람보다 승하더라"(민 12:3). 예수님도 그렇게 하셨다. 예수님은 "나는 온유하고 겸손하니"(마 11:29)라고 말씀하셨다. 바울도 그랬다. 그는 "나 바울은 이제 그리스도의 온유(겸손)와 관용으로 친히 너희를 권하고"(고후 10:1)라고 썼다. 바울이 예수님의 겸손과 자신의 겸손을 동등시하는 정도까지 나아갔다는 것에 주목하라!

겸손은 선택이라는 것을 항상 기억해야 한다. 예수님은 스스로를 낮추는 자들을 높이실 것이라고 말씀하셨다(벧전 5:6). 사역 속에서 항상 하나님의 축복과 기름 부으심을 경험하는 사도들은 스스로 낮추는 법을 배운 자들이다. 시간은 걸리지만 성숙해져 감에 따라 점점 쉬워질 것이다. 그렇기 때문에 성경이 초신자들을 리더십의 자리에 앉히는 것을 금하는 것이다. 초신자들은 교만해지기 쉽다(딤전 3:6).

어떤 사도들이 자신을 낮추지 않는 실수를 범한다면, 하나님께서 개입하셔서 그들을 낮추실 가능성이 크다. 그러한 일이 일어난다면, 그 때는 이미 너무 늦은 것이다. 앞에서 이미 언급한 대로, 나는 ICA를 인도하고 있는 동안에 몇몇 사도들을 심각한 도덕적 결함들로 인해 해고하거나, 그들 스스로 물러나게 해야 했다. 하나님께서 그들을 낮추신 것이다. 그들은 더 이상 '흠이 없는' 자들이 아니다. 나는 나에게 주어진 권리가 허락하는 한에서, 부적당한 행동을 하는 어떤 사도들도 그냥 눈감아 주지는 않을 것이다. 그들은 어느 시점에서 회복될 수도 있을 것이다(사실, 그들 중 한 사람이 이미 회복되었다). 그러나 결코 이전과 똑같지는 않을 것이다. 기독교 지도자는 한 번 넘어지면, 그 후에 회복된다 할지라도 그리스도의 몸 안에서 이전 수준의 영향력과 권위가 있는 자리로 다시 올라가지 못할 것이라는 것이 하나의 원칙이다.

인격이 중요하다! 훌륭한 인격은 사도의 자격 요건에서, 그리고 사도로서 사역을 하는 데 있어서 절대 필수적인 것이다!

제4장

영적 은사들과 사도의 임무

Spiritual Gifts and Apostolic Assignments

제2장에서, 사도적 권위의 주요한 근원이 하나님께서 선택한 특정한 사람들에게 영적 은사를 주셨다는 사실에 있다고 언급했다.

나는 사도에 관한 책은 영적 은사에 관하여 진지하게 다루는 장chapter이 있어야 한다고 생각한다. 이것에 대한 이유가 많은 사람들을 놀라게 할 수도 있을 것이다. 나는 사역의 대부분을 엄격한 복음주의적 환경에서 행했다. 1990년대 중반에 이르러서야 은사주의적 성향이 있는 사도적 교회들로 옮기기 시작했다. 이러한 이동을 하면서 내가 매우 실망했던 것들이 있었다. 그것들 중의 하나가 영적 은사에 대한 빈약한 성경적 이해였다. 이러한 교회들의 대부분은 영적 은사들을 성서적으로 잘 이해하지 못하고 있었다. 일반적으로 볼 때에, 전통적인 복음주의 지도자들이 영적 은사에 대한 성서적 가르침을 신 사도적 개혁의 사도들과 교사들보다 더 잘 이해하고 있는 것 같았다.

영적 은사들과 은사주의자들

이것이 매우 이상하게 들릴 수도 있을 것이다. 왜냐하면 대부분의 사도들이 스스로를 '은사주의자들'로 보고 있기 때문이다. 이 말은 그들 정체성의 큰 부분이 카리스마타(영적 은사들)로 '사역하는 자들'이라는 의미이다. 결과적으로, 영적 은사들은 사실상 모든 사도들에게 매우 중요하다. 그들 대부분은 영적 은사들에 관해 자주 가르치고 설교를 한다. 그들 가운데에는 이런 책에서 나와 같은 사람이 영적 은사들에 관한 그들의 신학이 잘못되었다고 말하는 글을 읽으면 놀라거나, 심지어 당황스러워하는 자들이 많이 있을 것이다.

따라서 이제 내가 그 이유를 설명하려 한다.

조지 바나의 경고

내가 비록 한동안은 사도적 운동이 영적 은사의 영역에서 개선의 여지가 있다고 느꼈지만, 그 문제를 계속해서 뒤로 미루어 오고 있었다. 나는 이것이 내가 싸워야 할 전투가 아니라고 생각했다.

하지만 나는 2001년 2월에 연구가인 조지 바나가 영적 은사에 대해 시행한 사회학적 조사를 통해 "깨어나라"는 경고의 소리를 듣게 되었다.

더 나아가기 전에, 영적 은사에 관한 한 내가 보통 사람들보다 더 관심을 가지고 있으며, 또한 더 전문적으로 그 분야에 참여하고 있다는 것을 말하고 싶다. 나는 이 분야에 관하여 1950년부터 가르쳐 왔다. 그리고 그 주제에 관해 두 권의 책을 저술했다. 그중 〈성령의 은사와 교회성장(생명의 말씀사)〉Your Spiritual Gifts Can Help Your Church Grow은 수년 동안 내가 저술한 책들 중에서 가장 인기 있는 책이 되었다. 현재 46판이 나왔으며, 25만 권 정도가 팔렸다. 그 책에 들어 있는 질문 양식, "당신의 영적 은사를 발견하기" Finding Your Spiritual Gifts는 100만 부 이상이 팔렸다.

내가 이렇게 자랑하는 이유는 조지 바나의 연구가 왜 그렇게 나를 놀라게 했는지에 대해 독자들의 이해를 돕기 위함이다. 나는 그리스도의 몸이 영적 은사들을 이해하고 사용하는 데 있어서 별 문제가 없다고 생각했다. 나는 거의 모든 사람들이 그 방향으로 나아가고 있다고 생각했다. 심지어 나는 내가 쓴 책들이 거기에 일조했으면 하는 은밀한 소망을 품기도 했다. 그러나 완전히 잘못된 생각이었다! 조지 바나가 발견한 것들 중의 하나에 의하면, 미국의 거듭난 그리스도인들 중에서 영적 은사를 전혀 가지고 있지 않다고 믿는 사람들 수가 증가해 왔다는 것을 알 수 있다.

바나는 1995년에 영적 은사를 전혀 가지고 있지 않다고 생각하는 거듭난 그리스도인 성인들이 4%라는 것을 발견했다. 그리 나쁘지 않았다. 하지만 2000년에는 21%로 증가했다. 이러한 추세로 간다면, 온 세대가 무능한 교회에 다니는 무능한 성도들이 될 위험에 처하게 될 수도 있을 것이다. 이렇게 된다면 어두움의 세계로부터 교회가 얼마나 공격을 받을지 상상할 수 있겠는가! 바나는 또한 많은 그리스도인들이 심지어 영적 은사들이 무엇인지도 모르고 있다는 것을 발견했다. 어떤 사람들은 그들의 영적 은사 목록에 "유머 감각", "시 짓기", "훌륭한 인성", "교회에 다니기"와 같이 이상한 것들을 포함시키기도 했다.[14]

원인을 찾아라

영적 은사에 대한 우리의 성경적 이해가 곤두박질하고 있다는 것을 아는 것과, 그 이면에서 일어나고 있는 것을 이해하기 위해 이 현상을 분석하는 것은 별개의 것이다. 어떤 사람들은 매우 통찰력 있는 설명을 할 수도 있겠지만, 내가 분석한 바에 의하면 이렇듯 실망스러운 현상은 사도적 운동과 관련이 있다.

바나가 조사를 시행한 1995~2000년 사이에 미국에서 가장 빨리 성장하고 있던 교회들은 신 사도적 개혁을 따르고 있는 교회들이었다. 물론, 그러한 교회들이 가장 큰 교회 그룹 혹은 교단은 아니었지만, 성장률은 가장 높았고 지금도 가장 높은 상태에 있다. 이러한 교회들은 거의 모두 복음주의적 성향을 띠고 있기는 했지만, 연구에 의하면 그 교회들의 성장은 회심을 통해서가 아니라 다른 교회들로부터의 이동을 통해 이루어졌음을 알 수 있다. 이것은 성장하는 사도적 교회들에 다니는 성도들이 이전 교회의 지도자들로부터 영적 은사에 대한 이상적인 가르침을 받지 못했다는 것을 지적해 주는 것 같다. 이것 자체만으로도 바나가 발견한 것들을 충분히 설명할 수 있을 것 같다.

만약에 조지 바나가 영적 은사들에 대한 그의 질문들을 별개의 두 그룹(전통적 복음주의 교회들에 다니는 성도들과, 오순절·은사주의·신 사도적 교회들에 다니는 성도들)에 했더라면, 전통적 복음주의 교회에 다니는 성도들이 영적 은사들을 이해하는 데 있어서 훨씬 더 높은 점수를 받았을 것이다. 이들은 방언과 예언을 못 하고, 질병을 치유하거나 축사를 할 수 없을지 모르지만, 일반적으로 영적 은사들이 그리스도의 몸 안에서 어떻게 기능해야 하는지에 대해서는 더 분명한 성경적 이해를 하고 있다.

최근 미국에서는 많은 성도들이 전통적 복음주의 교회들에서 사도적 교회로 이동하고 있다. 아내와 나도 1996년에 이동했다. 내가 확신을 가지고 말할 수 있는 것은, 이와 같이 교회를 옮긴 대부분의 사람들의 영적 생활과 주님과의 관계가 한층 높아졌다는 것이다. 나는 그들이 이것을 증언할 수 있을 것이라고 확신한다.

하지만 교회 안에서 영적 은사들을 사용하는 방법에 대한 그들의 이해는 더 쇠퇴한 것 같다. 이것이 바나의 발견을 뒷받침해 주는 것이다.

사도에 대한 영적 족보

왜 많은 신 사도적 교회들이 영적 은사의 부분에서 약함을 보이는가? 이것은 그들의 영적 족보로 거슬러 올라간다. 신 사도적 교회들은 주로 1970년경에 시작된 독립적인 은사주의 운동에 뿌리를 두고 있다. 독립적인 은사주의 교회들은 대개 고전적인 오순절 교회에 뿌리를 두고 있다. 오순절 운동이 성령의 위격과 사역에 대한 성서적 시각을 회복시키는 일을 통해 하나님 나라에 지속적으로 큰 공헌을 한 것이 사실이지만, 아이러니하게도 이 운동은 은사들의 활용을 이해하는 데 있어서 두 개의 심각한 결함을 지니고 있다. 첫 번째 결함은 성령의 은사들의 수가 단지 아홉 개뿐이라는 것이다. 두 번째 결함은 성령의 은사들을 구조적으로 보는 대신에 상황적으로 바라보는 것이다.

성령의 아홉 가지 은사

세계의 여러 나라들에 있는 오순절 교회들은 성령으로 세례를 받거나 성령 충만함을 경험하기 시작하면서, 침례교, 감리교, 장로교, 루터교와 같은 교단에서 사용되지 않던 영적 은사들을 활용하기 시작했다. 방언과 통변과 예언과 치유와 영분별과 기적과 같이 오순절 교회와 다른 교단들을 구별해 준 은사들은 고린도 전서 12장의 첫 부분에 밀집되어 있는 것처럼 보였다. 결과적으로, 오순절 교단의 지도자들은 자연스럽게 성령의 아홉 가지 은사들의 목록을 담고 있는 그 부분에 집중하게 되었다. 그들은 이 아홉 가지 은사들이 거의 모든 교회들에서 발견되는 다른 활동들(환대, 복음 전파, 봉사, 권고, 자비, 목양, 나누어 줌, 리더십, 돕는 일)과 질적으로 구별되는 독특성을 지니고 있다고 생각했다.

이 아홉 가지 은사들은 또한 은사주의 운동으로 옮겨졌다. 이것을 입증하기 위해, 미국에서 가장 존경받는 은사주의 신학자들 중의 한 사람인 로드먼 윌리엄스J. Rodman Williams의 글을 인용해 보겠다. 그는 〈갱신 신학〉Renewal Theology이라는 그의 책에서 영적 은사들에 대해 86페이지를 할애했다. 그는 "성령의 은사들은 특별히 고린도 전서 12장 8-10절에 기록되어 있다"[15]는 것을 단언하면서, 후에 독자들에게 "나는 아홉 가지 은사들의 범위 안에서 기능할 것이다"[16]라고 말한다.

이 결과, 고전적 오순절 교회들과 독립적인 은사주의 교회들은 일반적으로 "성령의 아홉 가지 은사들"을 이야기한다. 대부분의 오순절 교회들은 성령의 은사들에 대한 설교, 책, 에세이, 혹은 수

업이 고린도 전서 12장의 첫 부분에서 발견되는 이 아홉 가지 은사들만을 이야기해야 하는 것으로 생각한다. 하지만 신약 성경 전체를 보면, 고린도 전서 12장 8-10절에 열거된 아홉 가지보다 훨씬 긴 목록이 들어 있다. 성령의 은사들을 전문적으로 연구하는 사람들은 성령의 은사에 대한 총 수에 관해 다른 결론을 내릴 수 있을 것이다. 하지만 나는 영적 은사들에 관해 쓴 두 권의 책에서 28가지의 은사들을 소개했다. 그리고 각 은사들에 대해 간결한 사전적 정의를 내려놓았다.[17]

이것은 사도적 교회들의 많은 성도들이 성령의 은사는 오직 아홉 가지라고 가정하는 고전적 오순절과 은사주의 전통을 이어 받았다는 점에서 조지 바나가 발견한 것과 연결된다. 하지만 놀랍게도 오순절 교회의 성도들을 포함하는 많은 성도들은 방언과 예언을 하지 않으며, 또한 병자를 치유하거나 귀신을 쫓아내지도 않는다. 그러한 일을 행하는 자들과 함께 하기를 즐거워하면서도 말이다. 따라서 어떤 연구자가 영적 은사가 있는지에 대해 물으면, 그들은 자연적으로 자신들에게 익숙한 아홉 가지 목록을 쭉 살펴보는 경향이 있다. 그러나 자신들 안에서 이 아홉 가지에 속하는 은사들을 발견할 수 없기 때문에, 그들은 자연스럽게 "아니오. 나에게 영적인 은사가 있다고 생각하지 않습니다"라고 대답한다. 그들은 19가지의 다른 은사들 중의 하나를 자신들이 사용하고 있다는 것을 전혀 눈치 채지 못하는 것 같다. 왜냐하면 그들이 출석하는 교회에서는 그러한 은사들이 '아홉 가지' 은사들처럼 중요한 대접을 받지 못하고 있기 때문이다. 이것으로 인해 그들은 고린도 전서 12장 8-10절에 기록된 아홉 가지 은사들 중 어떤 것을 갖고 있지 않으면, 성령의 은사를 전혀 갖고 있지 않다는 잘못된 결론을 내리게 된다.

영적 은사들에 대한 상황적 견해

영적 은사들에 대해 고전적 오순절과 은사주의자들의 이해가 갖는 두 번째 결함은 은사들에 대한 '상황적' 시각과 연결되어 있다. 이제 영적 은사들에 대한 상황적 시각과 구조적 시각 사이의 차이를 설명해 보겠다.

영적 은사들에 대한 상황적 견해는 모든 은사들이 필요에 따라 모든 성도들에게 주어질 수 있다고 가정한다. 각 성도 안에 성령이 계시기 때문에, 성령의 모든 은사들이 내재하고 있다는 것이다. 다른 말로 해서, 어떤 사역을 행해야 한다는 상황적 요구가 있으면, 하나님께서 그 사역을 완성하기 위한 적당한 은사를 그 상황 속에 있는 사람 안에 풀어 주신다는 것이다. 그 사람은 그 은사를 다시는 사용하지 않을지도 모른다. 그러나 그 은사는 그 상황을 위해 필요한 시간 동안에 거기에 존재하는 것이다. 이것은 마치 자동차 안의 에어백과 같다.

하지만 구조적 견해는 이것과는 사뭇 다르다.

구조적 견해

영적 은사에 대한 구조적 견해는 그리스도의 몸에 대한 성경적 비유를 문자적으로 취하고 있다. 즉 은사를 가진 자들이 교회 안에서 그들의 은사에 맞는 독특한 기능을 해야 한다는 것이다. 예를 들어, 인간의 몸에서 콩팥이나 귀나 혀와는 달리 눈은 볼 수 있는 기능을 가지고 있다. 하지만 그러한 모든 부분들이 합하여 온전한 몸을 이룬다―눈은 항상 눈이며, 콩팥은 항상 콩팥이지만….

이와 같이, 그리스도의 몸 안에서 복음 전하는 자의 은사를 가진 자는 여기 저기에 가서 가끔씩 한 사람을 그리스도께로 인도할 뿐만 아니라, 믿지 않는 자들을 그리스도께로 인도하는 사역을 정기적으로 그리고 강력하게 행한다. 따라서 복음 전하는 자의 은사는 그들의 구조, 즉 '영적 유전자'의 한 부분이 된다. 다른 말로 해서, 이 은사는 가끔씩 상황에 따라 사용하는 일시적인 능력에 그치는 것이 아니라는 말이다. 이러한 견해로 볼 때에, 은사들은 평생 소유물이며, 은사자들은 그것들을 장기간에 걸쳐 효과적으로 사용할 책임을 지닌다.

이렇게 볼 때에 영적 은사에 대한 구조적 견해는 집합적 교회 혹은 우주적인 교회가 인간의 몸과 같이 기능한다는 성서적 시각과 같은 맥락을 유지하고 있다. 이 견해는 또한 믿는 자들이 그들이 받은 은사(들)에 집중해 그것들을 개발하고 발전시킬 수 있는 기초를 놓아 준다.

어떤 은사가 오늘은 나타날 수 있지만, 내일은 나타나지 않을 수도 있다는 생각(상황적 시각)을 가지고 있다면, 그 은사를 통한 사역을 개발해 나가기 위해 필요한 시간과 에너지와 돈을 투자하고자 하는 동기유발이 잘 이루어지지 않을 것이다.

방언에 대한 설명

영적 은사에 대한 상황적 견해는 초기 오순절 교단의 지도자들이 방언의 현상을 설명하기 위해 개발한 것 같다. 갑자기 토페카, 로스 앤젤레스, 또는 다른 지역들에서 수많은 성도들이 방언으로 말하기 시작했다. 영적 운동을 연구하는 역사가들이 기록해 놓은 것과 같이, 초기의 오순절 지도자들은 영적으로 매우 열정적이었고, 강력한 능력 사역을 행했지만, 성서 신학에 대한 지식은 특별히 높지 않았다. 그러나 그들은 방언이 성서에 기록되어 있는 영적 은사들 중의 하나라는 것은 알고 있었으며, 방언하는 자들은 모두 방언의 은사를 받았다고 가정했다.

얼마 지나지 않아, 그들은 '성령세례'를 받았지만 오직 한 번, 혹은 잘해야 가끔씩 방언을 하는 사람들의 현상에 대해 설명해 달라는 요청을 받게 되었다. 이러한 자들은 분명히 지속적인 방언의 은사를 갖고 있지 않았다. 따라서 그들은 방언의 은사가 오직 특정한 상황(예, 성령 세례) 속에서만, 그리고 그 후 가끔씩만 주어진다는 결론을 내리게 되었다. 따라서 방언의 은사는 개인에게 영원히 주어지는 것이 아니라고 생각하게 되었다. 이러한 결과로 인해 그들은 내가 '상황적 견해'라 불리는 것을 만들게 되었다. 또한 그들은 이와 똑같은 결론을 다른 여덟 가지 은사들에도 투영 시켰다.

역할 대 은사

그 당시의 똑같은 현상들은 구조적 견해에 의해 상황적 견해만큼 쉽게, 그리고 더 성서적으로 설명될 수 있다. 우리는 성서에서 언급하고 있는 은사들과 그리스도인의 역할 사이에 분명한 차이가 있다는 것을 명심해야 한다.

모든 그리스도인들은 은사를 받았기 때문이 아니라, 그리스도인이기 때문에 행해야 하는 것들을 가지고 있다. 예를 들어, 복음 전파의 은사를 지닌 자들이 많지 않을지라도, 모든 그리스도인들은 그리스도를 전하는 역할을 지니고 있다. 또한 십일조와 헌물은 모든 그리스도인들의 역할이다 — 비록 '드림'giving의 은사로 인해 그 이상을 할 수 있는 자가 많지만 말이다. 모든 그리스도인들이 믿음의 역할을 지니고 있지만, 어떤 사람들은 믿음의 은사를 지니고 있다. 이러한 실례는 수없이 많다. 방언에 대한 오순절 계통의 견해는 성령 세례를 받을 때에 나타나는 첫 신체적 증거로서, 모든 성도들이 적어도 한 번은 방언으로 말하는 역할을 지니고 있다는 것이다. 하지만 이것을 꼭 방언의 은사로 여길 필요는 없다.

영적 은사들에 대한 구조적 견해는 성령께서 능력으로 개인이나 그룹에 임할 때에 나타나는 현상을 설명하는 데 있어서 이점이 있다. 또한 영적 은사들을 인체의 각 부분들의 기능에 연결시키는 성경의 비유에 충실할 수 있다는 이점을 지니고 있다.

사도의 은사

사도의 은사는 성서에 근거해 내가 말한 28가지 영적 은사들 중의 하나이다. 상황적 견해의 틀을 통해 사도의 은사를 이해하는 것은 매우 어려울 것이다. 베드로나 바울이나 요한으로부터 어느 날 갑자기 사도의 은사가 사라질 것을 기대했던 자들은 없었을 것이다. 또한 에베소나 로마나 예루살렘의 평범한 성도들이 때때로 사도의 은사를 받을 것이라는 기대를 가지고 있던 자들도 아무도 없을 것이다.

그 때나 지금이나, 사도의 은사는 하나님에 의해 한 번 주어지고 나면, 그것은 받은 사람의 특별한 속성이 된다. 그리고 그 사람은 하나님의 은혜를 받은 선한 청지기로서 그것을 지혜롭게 사용할 책임을 져야 한다. 하나님께서 사도의 은사를 주셨다는 것을 아는 것과, 하나님께서 그 은사를 어느 날 갑자기 빼앗아 가지 않을 것이라는 사실을 아는 이 두 가지는 동일하게 참 사도들 위에 특별한 권위를 수여해 준다.

사도들의 임무

사도들은 자신이 받은 사도적 임무의 정확한 성질을 알게 될 때에, 그들을 통한 성령의 사역에 대해 훨씬 큰 확신을 갖게 될 것이다.

모든 사도들이 사도의 은사를 가지고 있지만, 모든 사도들이 똑같은 임무를 가지고 있는 것은 아니다. "은사는 여러 가지나 성령은 같고 직임은 여러 가지나 주는 같으며 또 역사는 여러 가지나 모든 것을 모든 사람 가운데서 역사하시는 하나님은 같으니"(고전 12:4-6).

이것을 복음 전파자의 예를 들어 설명해 보자. 복음 전하는 자들은 모두 은사를 가지고 있다. 하지만 어떤 이들은 공적으로 복음을 전하는 사역을 하고 있는 반면에, 또 어떤 사람들은 사적으로 복음을 전하는 사역을 하고 있다. 물론 어떤 이들은 이 두 가지를 다 하고 있기도 하다. 공적으로 복음을 전하는 사역을 하는 자들은 또한 서로 다른 활동들을 하고 있다. 어떤 이들은 온 도시를 상대로 복음을 전하는 대규모의 사역을 하고 있는가 하면, 또 어떤 이들은 이 교회 저 교회를 돌아다니는 순회 복음 전파 사역을 하고 있다. 그런가 하면 공적 복음 전파 사역을 주로 자기가 목회하고 있는 교회에서 하고 있는 자들도 있다.

나는 '임무' assignments 혹은 '하나님께 받은 임무'라는 이름 아래 사역들과 활동들을 여러 그룹들로 구분한다. 하나님은 은사를 주시며, 또한 임무도 주신다. 다른 임무들을 가지고 있는 사도들의 여러 다른 사역 방식들이 이 책에서 다루고자 하는 중요한 내용들 중의 하나이다. 나는 6장과 7장에서 이것에 대해 상세히 다루면서, 현대 사도 사역에 관한 많은 질문들에 답할 것이다.

제5장

직함의 힘

The Power of a Title

성경을 수년 동안 읽어 온 우리들은 다음과 같은 바울의 표현에 매우 익숙해 있다. "하나님의 뜻을 따라 그리스도 예수의 사도로 부르심을 입은 바울"(고전 1:1), "사람들에게서 난 것도 아니요 사람으로 말미암은 것도 아니요 오직 예수 그리스도와 및 죽은 자 가운데서 그리스도를 살리신 하나님 아버지로 말미암아 사도 된 바울은"(갈 1:1), "예수 그리스도의 사도 베드로는"(벧전 1:1)… 바울과 베드로는 이러한 구절들을 통해 사도의 직함을 공공연하게 드러내고 있다.

직함을 드러내기

바울은 13개의 서신들 중 적어도 9개의 서신들에서 자신에게 사도의 자격이 있음을 강조하고 있다. 베드로 또한 그의 두 서신서에서 그것을 강조하고 있다. 물론, 그들은 '사도'라는 호칭과 함께 또 다른 직함들을 사용했다. 바울은 두 개의 서신서에서 자신을 '종'servant이라 불렀고, 베드로는 그의 서신서들 중 한 서신서에서 자신을 '종'이라 불렀다. 바울은 또한 빌레몬서에서는 자신을 '갇힌 자'prisoner라 말했다. 야고보와 요한 서신, 그리고 유다서에는 '사도'라는 직함을 사용하지 않았다. 그들은 스스로를 '종'과 '장로'로 각각 두 번씩 불렀다.

요약하자면, 신약의 서신서를 쓴 저자들이 선택한 자기 정체성은 다음과 같다.

1. 사도-11번
2. 종-5번
3. 장로-2번
4. 갇힌 자-1번

신약의 서신서들을 쓴 저자들이 다른 직함을 사용하는 것보다 '사도'라는 직함을 두 배 이상 자주 사용했다는 것은 우연이라기보다는 매우 중요한 의미가 있음에 틀림이 없다. 이것에 대한 한 가지 이유는 직함에 능력이 있기 때문이라는 것이 나의 의견이다. 하나님으로부터 사도의 은사를 받고, 교회의 대표들에 의해 사도의 직분을 받은 사람들은 사도라는 직함과 함께 하나님께서 주신 사명을 분명히 더 효과적으로(그 직함이 없을 때보다) 수행할 수 있다.

오늘날 사도라는 직함을 사용하는 것이 옳은 것인지를 결정하기 위해 '사도'라는 직함의 기원을 살펴보자.

예수님께서 이 직함을 만드셨다

기독교 지도자들에게 붙여진 '사도'라는 직함이 어디에서 왔는가? 예수님으로부터 왔다. 그 직함을 처음으로 사용하신 분이 예수님이다. 예수님은 온 밤을 기도하신 후 다음날 아침에 "그 제자들을 부르사 그중에서 열둘을 택하여 사도라 칭하셨다"(눅 6:13).

'사도'라는 단어는 구약에는 나타나지 않는다. 이것은 예수님께서 새 언약 하의 특정한 지도자들을 부르기 위해 사용하신 용어이다. 하지만 예수님께서 '사도'라는 단어를 처음으로 고안해 내신 것은 아니다. 이 용어는 예수님 당시 세상에서 일반적으로 사용되던 단어였다. 헬라어로는 아포스톨로스apostolos이며, 의미는 '사신'messenger, 혹은 '보냄을 받은 자'이며, 더 명확하게 말하자면 '특별한 목적이나 목표를 가지고 보냄을 받은 사신'이다.

하지만 신약의 사도들은 일반적인 의미에서의 단순한 사신들이 아니었다. 베드로와 바울은 스스로를 예수 그리스도의 사도들이라 불렀다. 이것이 매우 중요한 것은 이러한 직함에 큰 권위가 주어지기 때문이다. 이 직함은 대사ambassador의 직위를 반영해 준다. 이 권위는 일본으로 파견된 미국의 대사가 지니는 것과 같은 것이다. 일본에 파견된 미국의 대사는 일본에서 그 직함에 합당한 대우를 받는다. 이 사람은 자기의 임무를 완수하기 위해 대사라는 직함이 필수적이다. 왜냐하면 미국의 대통령에 의해 그에게 위임된 권위가 그 직함에 실려 있기 때문이다. 따라서 미국의 대사 아무개는 직함이 없다면 단순히 아무개라는 사람일 뿐이다. 이런 사람에게는 높은 수준의 문들이 열리지 않는다. 이렇게 볼 때에 직함은 단순히 선택적인 것일 뿐 아니라, 임무를 수행하기 위해 필수적인 것임을 알 수 있다.

예수님께서 그를 따랐던 많은 제자들 중에서 특별하다고 여기는 열두 사람을 위해 '사도'라는 직함을 선택했을 때에는 어떤 특별한 목적을 가지고 계셨음이 분명하다. 따라서 교회가 수 세기 동안 이 직함의 사용을 꺼려 해 온 것은 이상한 일이 아닐 수 없다. 이것이 이상한 것은 내가 제 2장에서 언급한 것과 같이 에베소서 4장 11절에 나오는 다른 구조적 혹은 기초적 직분들에 대한 직함들을 사용하는 것에 대해서는 전혀 꺼려 하지 않기 때문이다. 예를 들어. 우리가 "마이크 목사님" 혹은 "존슨 목사님"이라고 부르는 것은 전혀 문제될 것이 없다. "복음 전도자 빌리 그레이엄"이라고 부르는 것도 전혀 이상하게 들리지 않는다. 사람들은 내가 교사라는 것을 알기 때문에 종종 나를 "와그너 박사님"이라고 부른다. 나는 그 직함을 사용하는 것을 받아들일 수 있지만, 지나치게 사용하는 것은 꺼려 한다. 내가 박사 학위를 받은 것은 사실이지만, 다른 사람들과 대화를 나눌 때에는 단순히 '피터'라고 불리는 것을 더 좋아한다.

경계를 무너뜨리기

'박사님'이라 불리는 것은 별 문제가 없다. 하지만 '사도 아무개'라는 호칭은 어떠한가? 이것은 심지어 나에게도 약간 낯설게 들린다. 이러한 호칭을 사용하는 것은 전통적인 종교적 장벽을 무너뜨리는 것이다. 이것은 우리를 상자 밖으로 끌어내는 것이다. 그렇다 할지라도, 이것은 하나님께서 교회를 위해 주신 새로운 패러다임의 일부분일 뿐이다. 나는 성령께서 최근에 교회에 말씀하시는 것들 중의 하나가 사도에 관한 것이라고 확신하고 있다. 우리는 교회의 성서적 구조를 올바로 세워야 하며, 이렇게 하는 과정에서 중요한 부분이 '사도'라는 직함을 적절하게 사용하기 시작하는 것이다.

이것이 성서적인가? 그렇다. 사실 신약 성서는 '사도'라는 용어를 오늘날의 교회 지도자들이 편안하게 사용하고 있는 것 같은 다른 직함들(에베소서 4:11에 나오는 직함들 중)보다 훨씬 더 자주 사용한다.

신약 성서에 등장하는 직함들 수는 다음과 같다.

1. 사도-74번

2. 교사-14번

3. 선지자-8번

4. 복음 전도자-3번

5. 목사-3번

어떤 교단에 속한 사람들은 '주교, 혹은 감독'bishop이라는 직함을 '사도'라는 직함보다 더 좋아하기도 한다. 이것은 성서적 선례보다는 종교적 전통 때문이다. 가톨릭 교회는 그 직함을 수 세기 동안 자유롭게 사용해 왔다. 그리고 어떤 개신교 교단들도 그 직함을 계속 사용하고 있다. 하지만 '감독'이라는 직함(교회의 총 책임 지도자라는 의미로는 한 번도 쓰인 적이 없다)은 '목사'pastor나 '장로'의 유사어로서 신약 성서에 네 번만 등장할 뿐이다. 그리고 성경에서 명확하게 '감독'이라고 불린 사람은 한 명도 없다.

직함들에 대한 위의 빈도수를 생각해 볼 때에, 성경을 믿는 성도들이 '목사'라는 직함은 자유롭게 사용하면서, 왜 '사도'라는 직함은 꺼려 하는지를 이해할 수 없다. 이것을 설명할 수 있는 한 가지는 그들이 단순히 종교적 전통에 지배를 받고 있기 때문이라는 것이다. 이렇게 종교적 전통에 지배를 받고 있는 자들에게 〈종교의 영으로부터의 자유〉Freedom from the Religious Spirit라는 나의 책을 추천하고 싶다. 더 이상 과거에 얽매이지 말자.

형용사로는 충분치 않다

'사도'라는 명사는 꺼려 하지만, '사도적'apostolic이라는 형용사를 받아들이는 기독교 지도자들은 매우 많은 것 같다. 그들은 '사도적 리더십', '사도적 교회' 혹은 '사도적 사역'에 대해 말한다. 그들은 이러한 표현들을 통해 사도들을 설명한다. 때로 이들은 형용사를 다음과 같이 명사화시키기도 한다. 사도적인 사람들the apostolic. 나는 이러한 단어의 선택이 하나님께서 세우고자 하시는 성서적 교회의 구조를 약화시킨다고 생각한다. 사실, 내가 성구 사전에서 그리고 킹 제임스 새 버전에서 '사도적'이라는 단어를 찾아보려 했지만, 하나도 찾을 수 없었다.

사람들이 성서적 명사인 '사도'라는 단어보다 비 성서적 형용사인 '사도적'이라는 말을 더 좋아하는 데에는 적어도 두 가지 이유가 있다. 첫 번째 이유는 오늘날의 교회에 사도들이 존재한다는 것을 믿지 않는 사람들과 관련이 있다. 두 번째 이유는 사도들의 존재를 믿는 자들과 관련이 있다. 이제 이 두 종류의 사람들을 살펴보자.

'사도'라는 직함이 교회 역사 중 첫 200년 정도가 지난 후에 사라졌다는 것을 주장하기 위해 명사가 아닌 형용사를 사용하는 사람들이 있다. 제 1장에서, 나는 미국 하나님의 성회가 공식적인 교단의 백서를 통해 이 입장을 취했다는 것을 언급했다. 이 백서는 어떤 사람들(나와 같은)이 고린도 전서 12장 28절과 에베소서 2장 20절, 4장 11절과 같은 성경의 본문들을 잘못 해석하고 있다고 주장한다. 이것은 "오늘날의 사도와 선지자들이 모든 수준에서 교회의 사역을 관장해야 한다(나의 주장)는 잘못된 가르침"을 "독립적인 영을 가지고 하나님 나라에서 자신의 중요성을 과대평가하는 사람들"과 일치시킨다. 이 백서는 명사가 아니라 형용사를 사용하기로 선택하면서 결말을 맺는다. "우리는 교회에 사도적 그리고 예언자적 유형의 사역들이 있고 또한 있어야 한다는 것을 확언한다. 그러나 그러한 직분을 실제로 가지고 있는 사람들, 즉 예언자와 사도는 없다."[18] 나는 말이나 교리를 가지고 다투고 싶지 않지만, 이것은 마치 '일꾼은 없는데 일꾼을 통해 얻는 이득은 챙길 수 있다'는 말과 같다. 사역자가 없는 사역이 있을 수 있는가?

이러한 전통적인 입장을 취하는 사람들은 선교사들이 보냄을 받은 자들이기 때문에 그들이 오늘날의 사도라고 주장하는 성향이 있다. 하지만 이러한 주장은 기만적인 것이다. 예를 들어, 누가복음 10장에서 예수님은 하나님 나라의 복음을 전파하기 위해 70명을 보내셨다. 70명 모두가 사신들(헬라어로 아포스톨로스이며, 의미는 '사신' 혹은 '보냄을 받은 자'이다)로서 보내졌다. 하지만 실제로는 그들 중 오직 12명만이 사도들이었다.

성경적 원리는 이렇다. 모든 사도들이 보냄을 받지만, 보냄을 받은 모든 사람들이 사도는 아니다.

초보적 접근

반면에, 오늘날 사도들이 있다고 믿는 어떤 사람들도 여전히 '사도'보다 '사도적'이라는 말을 선호하고 있다. 이유는 형용사가 덜 위협적이고, 초보적인 수준에서 쉽게 접근할 수 있기 때문이다. 이렇게 하는 것이 지혜로울 수 있다. 적어도 어느 기간 동안은 말이다.

이것에 대한 실례가 호주에서 출간된 사도 운동에 대한 책, 〈저너머의 21세기 교회〉*The 21st Century Church Out There*이다. 이 책은 사도 운동에 관해 첫 번째로 광범위하게 읽혀진 책으로서 벤 그레이Ben Gray에 의해 편집되었고, 오직 '사도적'이라는 형용사만 사용해 쓰였다. 하지만 호주에서 발간된 두 번째 책으로서 데이비드 카틀리지David Cartledge가 쓴 〈사도적 혁명〉*The Apostolic Revolution*은 벤 그레이의 책이 꺼리는 것을 뛰어 넘어 '사도'라는 명사를 자유롭게 사용했다. 벤 그레이에 의해 주최된 중요한 사도적 집회들을 포함하는 다른 많은 요인들과 더불어, 이 책이 호주를 사도적 구조를 이해하고 교회에 적용시킨 가장 앞서는 나라의 위치에 올려놓았다.

존 에크하르트John Eckhardt는 자신이 쓴 책 〈지도자의 변화〉 *Leadershift*에서 매우 중요한 점을 지적해 주었다. 그는 '사도'라는 직함을 사용해야 한다고 주장하면서, 수년 동안 '사도 존 에크하르트'Apostle John Eckhardt라는 호칭을 진심으로 받아들여 왔다. 그는 시카고 도심부에 위치한 그의 교회 입구에 이 호칭을 써 놓았다. 그는 "교회의 구조가 한 사도 혹은 그 이상의 사도 아래에서 올바로 세워질 때에, 모든 교회가 사도적 교회가 될 수 있으며, 모든 성도들이 사도적 성도들이 되어야 하며, 모든 교사가 사도적 교사가 되어야 하며, 모든 복음 전도자가 사도적 복음 전도자가 되어야 하고, 모든 목사가 사도적 목사가 되어야 한다…"고 주장한다. 이런 경우에는 '사도적'이라는 형용사가 제 위치에 붙어 있는 것으로서, 명사인 '사도'에 대한 대체어가 아니다.

'사도'라는 말을 사용하는 것이 적신호인가?

'사도'라는 직함을 사용하는 것이 타당한가 하는 문제는 교회의 지도자들이 사도 사역의 방향으로 나아가고자 하는 곳에서는 어디서나 열띤 토론이 벌어지고 있다. 나는 최근에 다음과 같은 흥미 있는 대화를 인터넷을 통해 읽게 되었다. 이름은 밝히지 않겠다.

● 아무개 A "목회자적 비전은 교회를 위해 충분히 큰 토대를 제공해 주지 못한다. 목회자는 양떼들을 돌보고 싶어한다. 복음주의자적 비전은 우선적으로 밖에 초점을 둔다. 물론 이것은 매우 중요한 것이다. 하지만 그러다 보면 양떼들을 돌볼 수 없게 된다. 하나님께서 세우고자 하시는 상부구조를 떠받치기 위해서는 하나님 나라에 대한 사도적 비전을 갖는 것이 필요하다."

● 아무개 B "나도 진심으로 동감한다. 하지만 나는 '사도'라는 직함을 사용하지 않으면서 기능에 더 집중하려 노력해 왔다. 왜냐하면 언어라는 것은 다양한 다른 사람들에게 다양한 다른 것들을 의미하기 때문이다."

● 아무개 A "어떤 사람들은 사도가 아니면서 스스로를 '사도'라 부른다. 또 어떤 이들은 사도로서 기능하지만, 그 직함을 사용하고 싶어하지 않는다. 이것은 매우 많은 사람들에게 '적신호'를 보내는 용어이다."

이 두 사람은 '사도'라는 직함을 사용하게 되면 어떤 사람들이 불쾌감을 느낄 수 있고, 그러다 보면 교회 안에 분열을 조장할 수 있는 위험이 있다는 것에 동의하고 있다. 나는 그들이 정확하게 관찰하고 있다고 생각한다. 그럼에도 불구하고 나는 또한 그들의 두려움이 절대로 정당화될 수 없다고 생각한다. 나는 사람들이 현상

유지에 급급해 정치적으로 옳은 것과, 최소한의 공통분모에 집착함을 통해 이루어지는 일치가 목적 그 자체가 되지 않을까 하는 것을 우려하고 있다. 이러한 일이 일어나게 되면, 특별히 하나님께서 새 가죽 부대를 만들고자 하실 때에 긍정적 변화를 일으키는 것과 하나님 나라를 확장시키는 것이 매우 어렵게 된다. 게다가 이러한 접근법은 건전한 신학보다는 두려움에 기초하고 있다. 어떤 것들을 자극시키는 두려움, 거절에 대한 두려움, 논쟁에 대한 두려움, 고발당할 것에 대한 두려움.

하지만 나는 사도의 은사와 직분을 받아들이는 것과 관련해 내가 본래 기대했던 것보다 훨씬 더 적은 저항을 받았다는 것을 말하고 싶다. 우리는 1996년에 풀러 신학교에서 개최된 초교파적 교회에 관한 미국 내 심포지엄에서 신 사도적 개혁이라는 개념을 발표했다. 내가 알기로는 그 심포지엄 이후에 어떤 커다란 저항도 가시화되지 않았다. 결과적으로, "사도라는 직함을 사용하는 것이 이 운동을 후퇴시킬 수 있는 '적신호'가 될 수 있다"고 말한 어떤 이들의 위협은 지나친 것이었음이 입증되었다.

사도는 하룻밤에 만들어지는 것이 아니다

사도적 리더십에 대한 가장 통찰력 있는 책들 중의 하나는 빌 쉐이들러Bill Scheidler가 쓴 〈사도들〉Apostles이다. 이 책의 두 장

chapters은 미국에서 가장 먼저 만들어진 사도 네트워크들 중의 하나인 Ministers Fellowship International을 창립한 딕 이버슨Dick Iverson과의 개인적 인터뷰를 담고 있다.

딕 이버슨은 수년 동안 사도적인 기능을 해왔지만, 최근까지 사도라는 직함을 사용하지 않았다.

그 이유들 중의 하나는 과거에 이 용어가 남용되는 것을 보았기 때문이다. 어떤 사람들은 그들이 가지고 있는 물질의 풍요로움 때문에 스스로를 사도라 부르지 않나 하는 의심을 받기도 했다. 현명하지 못한 예언자들은 때로 너무 성급하게 어떤 사람을 사도라고 부름으로써 이러한 현상을 부추기기도 했다.

이버슨은 다음과 같은 이야기를 한 적이 있다.

"오늘 아침 내 사무실에 20대의 젊은 청년이 찾아왔습니다. 그는 자기가 사도라 말했고, 자기 고향으로 가면 사람들이 자신을 사도로 받아들일 것으로 기대하고 있었습니다. 글쎄요. 지금부터 20년 후에는 이러한 일이 일어날 수 있을지 모릅니다. 하지만 그가 고향에 돌아갔을 때에 어떤 식으로든지 하룻밤 안에 사도로 인정받을 것을 기대한다는 것은 내 개인적으로 생각할 때에 지혜롭지 않은 것 같습니다. 그런 일은 일어나지 않을 것이라 생각합니다."[19]

사도로 인정받는 법

어떤 사람이 사도라는 것을 공식적으로 인정하고 선포하는 유일한 과정은 없다. 하지만 딕 이버슨의 사무실에 찾아 온 젊은이와 같은 어떤 사람이 정말 사도라는 것에 동의하기 위해서는 다음의 네 가지 면에서 확증을 받아야만 할 것이다. (1)사도는 하나님의 부르심을 개인적으로 알고 있어야 한다. (2)사도가 속한 지역 교회의 리더들이 그것을 확증해 주어야 한다. (3)사도가 속한 지역 교회의 성도들이 동의해야 한다. (4)사도가 믿음 안에 세워 주고 뿌리를 박게 한 사람들이 그를 사도로 인정해야 한다.[20]

직함과의 씨름

잉글랜드의 사도 트레버 뉴포트Trevor Newport가 자신이 사도가 되는 것을 받아들이게 된 경험에 대해 이야기한 적이 있었다. ICA(국제 사도 연합: International Coalition of Apostles)의 멤버인 트레버는 14년 동안 목회자로서 사역을 한 후에, 어느 날 주님으로부터 "내가 너를 사도로 만들었다. 이것을 받아 들여라"라는 음성을 듣기 시작했다. 이것은 쉽지 않은 일이었다. 왜냐하면 그는 결코 자신을 사도로 부르지 않기로 결심했기 때문이다. 그는 이 문제를 놓고 3년 동안 씨름했다.

그가 또 한 명의 잘 알려진 영국의 사도인 콜린 우르쿠하트 Colin Urquhart와 함께 앉아 있을 때에 해결의 실마리가 풀리기 시작했다. 목회자들을 위한 집회에서, 우르쿠하트가 다음과 같이 말했다. "나는 사도적 부르심을 받아들이는 데 있어서 3년을 씨름해 왔습니다." 이것이 트레버의 관심을 사로잡았다. 이 집회 후에, 트레버 뉴포트는 다음과 같이 간단한 기도를 드렸다. "주님, 알겠습니다. 사도적 부르심이 무엇을 의미하든지 이제 그것을 받아들이겠습니다."

직함이 주는 힘

트레버가 다음과 같이 말했다.

"2주 후에, 나는 8명의 사람들과 함께 기도 모임을 갖고 있었습니다. 그 때에 갑자기 하나님의 임재가 우리가 모여 있던 방을 가득 채웠습니다. 우리 모두는 이것으로 인해 움직일 수도 없었고 입을 열 수도 없었습니다. 나는 오직 눈만 움직일 수 있었습니다. 그 때에 나는 세 천사가 하늘로부터 내려오는 것을 보았는데, 그들 중앙에는 예수님이 계셨습니다. 세 천사들은 우리 기도실의 문 밖에 서 있었고, 예수님만 우리 방으로 들어오셨습니다. 그 분은 곧장 나에게 다가오셔서 다음과 같은 말씀을 하셨습니다. '트레버, 나는 너희 형제 예수다. 내가 여기에 온 것은 너의 사역이 이제 막 시작될 것을 알리기 위함이다. 잘 있거라!' 그 후에 예수님은 세 천사와 함께 다시 하늘로 올라가셨습니다. 이것은 정말 멋진 경험이었습니다. 나는 무슨 일이 일어나고 있는지를 몰랐으며, 또한 그 경험이 내 사역에 어떤 영향을 미칠지도 모르고 있었습니다.

그 때까지 나는 여전히 개척 단계에 있던 교회 하나만을 가지고 있었습니다. 그러나 주님의 방문 이후부터는 목회자들이 나에게 전화를 걸어 그들의 영적 보호막이 되어 줄 수 있는지에 대해 묻기 시작했습니다. 나는 그 방문에 대해 아무 것도 아무에게도 말한 적이 없었습니다.

2년 내에, 생명을 바꾸는 사역Life Changing Ministries을 통해 영국에서 8개의 교회, 스리랑카에서 17개의 교회, 네팔에서 25개의 교회, 일본에서 1개의 교회, 인도에서는 수많은 교회들, 콜로라도에서 1개의 교회가 탄생하게 되었습니다. 나는 현재 50개 국가에서 사역을 하고 있으며, 16권의 책을 저술했습니다."

3년

트레버 뉴포트와 콜린 우르쿠하트가 사도직에 관한 하나님의 음성을 듣기 시작한 이후로 그것을 받아들이기까지 3년 동안 씨름했다는 것을 들은 후에, 나의 경험을 회상해 보았다. 그런데 놀랍게도 나 또한 그것을 받아들이기까지 3년이 걸렸다는 것을 발견했다. 내게 사도의 기름부음이 있다는 예언의 말씀은 신디 제이콥스를 통해 1995년 7월에 처음으로 주어졌다. 그리고 두 번째는 두 달 후에 중보자인 마거릿 모버블리Margaret Moberly를 통해 주어졌다. 나는 당시에 그 예언의 말씀을 가지고 어떻게 해야 할 줄 몰랐다. 1998년 초반에 하나님께서 나에게 다시 말씀하셨다. 이번에는 예언자 짐 스티븐스Jim Stevens를 통해 공공 집회에서 주어졌다. 그 때에 나는 이것을 더 이상 숨길 필요가 없다는 것을 확신했지만, 아직 준비가 되어 있지 않았다.

내가 주저한 이유는 내가 어떤 종류의 사도인지에 대해 알지 못했기 때문이었다. 내가 다른 종류의 사도적 영역이 있다는 것을 깨달은 것은 그 해의 후반기에 이르러서였다. 내 권위의 영역을 정의할 수 있게 되면서부터 그 직함을 받아들일 준비가 되었고, 그에 동반하는 하나님의 능력을 받게 되었다. 나는 대부분의 사도적 친구들과 같이 수직적인vertical 사도가 아니라는 것을 알고 있었다. 내가 수평적horizontal 사도의 개념을 이해하면서부터 모든 것이 더욱 분명해졌고 자유가 찾아오게 되었다. 나는 내가 수평적 사도라는 것을 알게 되었을 때에 그 직함을 받아들일 준비가 되었다.

제6장

사도적 영역

Apostolic Spheres

　　　　　　　　나는 이 책 전반에 걸쳐서 사도
들과 교회의 다른 구성원들을 구별해 주는 주요한 특징이 하나님
께서 그들에게 주신 특별한 권위라는 것을 반복해서 말하고 있다.
신 사도적 개혁은 종교개혁 이후로 교회를 세워 나가는 방법에 있
어서 가장 급진적인 변화라 할 수 있다. 다른 종류의 모든 변화들
중에서 가장 두드러진 변화는 성령께서 각 개인에게 주시는 영적
권위의 분량이다.

성경적 실례들

　사도가 권위를 행사한다는 것이 무엇을 뜻하는지 알기 위해 성
경의 실례들을 살펴보자.

- **사도 베드로** "그러나 민간에 또한 거짓 선지자들이 일어났었나니 이와 같이 너희 중에도 거짓 선생들이 있으리라 저희는 멸망케 할 이단을 가만히 끌어들여 자기들을 사신 주를 부인하고 임박한 멸망을 스스로 취하는 자들이라"(벧후 2:1). 이것은 매우 강한 언어이다! 이렇게 말하는 베드로에게는 망설임이나, 불안정함 같은 것은 전혀 찾아 볼 수 없다.

- **사도 야고보** "그러므로 내 의견에는 이방인 중에서 하나님께로 돌아오는 자들을 괴롭게 말라"(행 15:19). 이것은 기독교 역사 속에서 가장 결정적인 사도적 선언들 중의 하나였다(후에 다시 야고보를 살펴보면서, 그가 예루살렘 공의회에서 나타낸 권위를 살펴볼 것이다).

- **사도 요한** "누구든지 이 교훈을 가지지 않고 너희에게 나아가거든 그를 집에 들이지도 말고 인사도 말라"(요2 10절). 요한은 자신과 그가 가르치는 것에 대해 매우 확신이 있었다! 그는 자신에게 있는 권위로 인해 아무 것도 숨기거나 부인하지 않았다. 그는 자신이 말하는 것이 옳다는 것을, 그래서 타협할 수 없다는 것을 분명히 알고 있었다.

- **사도 바울** "어리석도다 갈라디아 사람들아 예수 그리스도께

서 십자가에 못박히신 것이 너희 눈 앞에 밝히 보이거늘 누가 너희를 꾀더냐…. 너희가 이같이 어리석으냐 성령으로 시작하였다가 이제는 육체로 마치겠느냐"(갈 3:1, 3). 바울은 어떤 동료 그리스도인들을 심하게 질책할 때에 매우 단호했다. 그만큼 그에게 권위와 확신이 있었기 때문이었다.

또 다른 곳에서 사도 바울이 한 말을 보면 위에서 인용된 사도 요한의 말처럼 들리기도 한다. "누가 이 편지에 한 우리 말을 순종치 아니하거든 그 사람을 지목하여 사귀지 말고 저로 하여금 부끄럽게 하라"(살후 3:14). 바울과 동의하지 않는 자들은 분명히 심각한 문제에 직면하게 되어 있었다!

사도적 영역들이 사도의 권위를 결정해 준다

사도행전과 서신서들을 읽어 보라. 그러면 사도들이 한 말들 중에 비슷한 인용문들이 많다는 것을 발견하게 될 것이다. 성경의 사도들이 특별한 권위를 소유하고 있었다는 것에 동의하지 않을 수 없을 것이다. 하지만 한 걸음 더 나아가 보자. 사도들은 그들의 권위를 어디에서 행사했는가? 그들은 모든 곳에서 권위를 행사한 것이 아니라, 그들 각자에게 주어진 사도적 영역(들)에서만 권위를 행사했다.

실례로 고린도 교인들과 사도 바울의 관계를 살펴보자. 고린도 교회에 실제로 사도 바울의 사도적 권위에 도전한 몇몇 대담한 성도들이 있었다. 그들은 바울에게 복종하지 않기로 결심했다. 아주 큰 실수였던 것이다! 바울은 그들에게 직접 말하기 위해, 그리고 그들을 바로 잡기 위해 고린도 후서 10장과 11장을 썼다.

바울의 비판자들

바울의 비판자들이 그에 관해 뭐라고 말했는가? 그들은 네 가지를 가지고 바울을 비난했다.

1. **바울은 추하고 지루한 사람이다!** "저희 말이 그 편지들은 중하고 힘이 있으나 그 몸으로 대할 때는 약하고 말이 시원치 않다 하니"(고후 10:10).

2. **바울은 12명의 원 사도들만큼 훌륭하지 못하다!** 바울은 이에 반응해 다음과 같이 확언했다. "내가 지극히 큰 사도들보다 부족한 것이 조금도 없는 줄 생각하노라"(고후 11:5).

3. **바울은 돈에 굶주린 자이다!** "내가 너희를 높이려고 나

를 낮추어 하나님의 복음을 값 없이 너희에게 전함으로 죄를 지었느냐 내가 너희를 섬기기 위해 다른 여러 교회에서 요를 받은 것이 탈취한 것이라 또 내가 너희에게 있어 용도가 부족하되 아무에게도 누를 끼치지 아니함은 마게도냐에서 온 형제들이 나의 부족한 것을 보충하였음이라 내가 모든 일에 너희에게 폐를 끼치지 않기 위하여 스스로 조심하였거니와 또 조심하리라"(고후 11:7-9).

4. 바울은 자칭 사도이기 때문에 권위를 지니고 있지 않다! "주께서 주신 권세는 너희를 파하려고 하신 것이 아니요 세우려고 하신 것이니 내가 이에 대하여 지나치게 자랑하여도 부끄럽지 아니하리라"(고후 10:8).

권위에 대해 자랑하기

바울이 이러한 고발에 의해 매우 기분이 상했다는 것은 그리 놀라운 일이 아니었다. 그는 그러한 고발자들에게 직선적으로 그리고 단호하게 말했다. 그뿐 아니라, 바울은 또한 사도적 영역의 개념을 설명했다.

바울은 자신이 특별한 권위를 가지고 있다는 것을 알고 있었을 뿐만 아니라, 또한 그것에 관해 고린도 후서 10장과 11장에서 여러 번 "자랑하기"까지 한다.

"자랑하다"는 말의 헬라어는 하나님께서 행하신 일에 영광을 돌린다는 의미를 지니고 있다. 고린도 후서 10장 8절에서, 바울은 그의 권위에 대해 "자랑한다"고 말하면서, 그의 권위가 하나님으로부터 직접 온 것이라는 것을 덧붙여 말했다. 따라서 바울은 자랑하면서 자신을 높인 것이 아니라, 그를 선택해 특별한 권위를 주신 하나님을 높이고 있었던 것이다.

바울은 하나님께서 그에게 주신 사도적 권위가 특정한 시기에 특정한 장소에서만 사용될 수 있다는 것을 분명하게 알고 있었다. 그는 모든 교회의 사도가 아니었다. 그는 고린도 교인들에게 다음과 같이 썼다.

"내가 자유자가 아니냐 사도가 아니냐 예수 우리 주를 보지 못하였느냐 주 안에서 행한 나의 일이 너희가 아니냐 다른 사람들에게는 내가 사도가 아닐지라도 너희에게는 사도니 나의 사도됨을 주 안에서 인친 것이 너희라"(고전 9:1-2).

바울은 자신이 모든 사람들의 사도가 아니라는 것을 인정하고 있다. 예를 들어, 그는 알렉산드리아, 예루살렘, 혹은 로마에서는 사도가 아니었다.

하지만 그는 고린도뿐만 아니라, 에베소서, 빌립보, 갈라디아, 그리고 그의 사도적 영역 안에 포함되는 다른 많은 지역들에서는 분명히 사도였다.

사도적 영역 안에서의 자랑

고린도 후서 10장과 11장을 보면, 바울이 특정한 영역들에서만 하나님께서 그에게 주신 권위에 대해 자랑했음을 알 수 있다.

"그러나 우리는 분량 밖의 **자랑**을 하지 않고 오직 하나님이 우리에게 정해 주신 **영역**의 한계를 따라 하노니 곧 너희에게까지 이른 **영역**이라"[이 말은 고린도 교인들이 하나님께서 바울에게 주신 사도적 영역 안에 포함되기 때문에 바울의 사도적 권위 하에 있다는 것이다].
"우리가 우리의 **영역**을 넘어서 스스로 너희에게 나아간 것이 아니요(너희에게 미치지 못할 자로서 스스로 지나쳐 나아간 것이 아니요―개역 성경 : 역주) 그리스도의 복음으로 너희에게까지 이른 것이라."
"우리는 남의 수고를 가지고 분량 밖의 **자랑**하는 것이 아니라 오직 너희 믿음이 더할수록 우리의 **영역**(한계―개역 성경 : 역주)을 따라 너희 가운데서 더욱 위대하여지기를 바라노라"(고후 10:13-15).

"그리스도의 진리가 내 속에 있으니 아가야 지방에서 나의 이 **자랑**이 막히지 아니하리라"(고후 11:10).

아가야는 바울에게 맡겨진 영역들 중의 하나인 고린도를 포함하는 로마의 관할구역이었다. 그는 도마가 사역을 행한 인도에 관하여는 이렇게 말하지 않았다.

사도적 권위의 한계

나는 이 개념을 이 책의 다른 중요한 내용들 중의 하나와 더불어 요약해 보려 한다. **사도들은 하나님께서 수여하신 대단한 권위를 지니고 있지만, 하나님께서 지정하신 영역들 밖에서는 교회의 다른 성도들과 같이 어떤 권위도 가지지 못한다.**

이것이 매우 중요하다. 왜냐하면 오늘날 사도 운동에 가담하고 있는 많은 지도자들이 그들의 영역이 무엇이며 또한 그것들이 어떻게 정의될 수 있는지에 대한 지식뿐만 아니라, 사도적 영역들과 관련된 일반적 원리들에 대한 실제적 이해를 개선할 수 있기 때문이다. 이러한 지식이 부족한 결과로 인하여, 어떤 사도 사역들은 오해를 받기도 하며, 또한 자기의 영역 밖에서 권위를 행사하려다가 거부를 당할 수도 있다. 불행히도, 어떤 사도들은 그들이 가는 곳은 어디에서나 동일한 사도적 권위를 지니고 있다고 생각한다. 이것은 매우 위험한 생각이다. 왜냐하면 자기들의 영역 밖에서 권위를 행사하려 할 때에 짐짓 교회에 영원한 해를 입힐 수 있기 때문이다.

제4장에서 자세히 설명한 것과 같이, 모든 사도들은 사도의 은사를 지니고 있다. 하지만 모든 사도들이 동일한 사역이나 활동을

하는 것이 아니다. 내가 이렇게 말하는 것의 근거는 고린도 전서 12장 4-6절 말씀 때문이다. "은사는 여러 가지나 성령은 같고 직임은 여러 가지나 주는 같으며 또 역사는 여러 가지나 모든 것을 모든 사람 가운데서 역사하시는 하나님은 같으니."

사도적 사역과 활동

모든 사도들이 사도의 은사를 받았다는 것은 분명하다. 그러면 그들의 다른 사역과 활동은 무엇인가? 이 질문에 답하기 전에, 나의 연구 방법이 철학적이거나 신학적(고전적 의미에서)이 아니며, 또한 주석적이거나 계시적인 것이 아니라, 현상학적이라는 것을 분명히 밝히고 싶다. 나는 이러한 여러 방법들의 잘잘못을 말하고 있는 것이 아니다. 현상학적인 것이 주석보다 우위에 있는 것이 아니라, 단순히 나의 개인적 선택일 뿐이다.

현상학적 접근법으로 인하여 나는 성경에서 발견되지 않는 용어들을 사용하게 되었다. 왜냐하면 나는 하나님의 말씀만을 사용하는 것이 아니라, 하나님의 말씀과 함께 현 시대에 하나님께서 행하시는 일들을 정확하게 표현해 주는 다른 용어들을 결합하는 것이 필요하다고 믿기 때문이다. 이렇게 하는 데 있어서, 나는 하나님께서 무엇을 하셔야 하는가가 아니라, 그 분이 현재 무슨 일을 행하고 계신지에 대한 질문들을 가지고 접근할 것이다. 성령께서 교회들에 이미 말씀하신 것과, 지금 교회들에 말씀하고 계신 것은 별개의 것이다.

현재 분명하게 드러난 사도 사역의 세 가지 큰 범주들을 살펴보자. 내가 '현재'라고 말한 것은 앞으로 연구를 계속해 나감에 따라 더 많은 범주들이 드러나거나, 더 정교한 구분을 하는 것이 필요할 수 있기 때문이다. 사도 사역의 이 세 가지 범주에 내가 붙인 이름들은 '수직적 사도들', '수평적 사도들' 그리고 '일터 사도들'이다.

수직적 사도들

대부분의 사도들은 수직적 사도들이다. 그들은 영적 '보호막'을 위해 사도를 찾는 교회들, 사역 단체들, 혹은 개인들로 이루어진 네트워크를 인도한다. 이러한 자들은 그들이 찾는 사도들의 권위 아래에 있을 때에 안정감을 느끼며, 자기 사도들에게 책임 있는 삶을 살아 간다. 성경에 나오는 수직적 사도의 원형이 사도 바울이다. 디모데와 디도와 같은 개인들뿐만 아니라, 많은 교회들이 사도적 가르침과 보호를 위해 바울을 의지했다. 바울과 디도의 관계가 이 주제에 관하여 좋은 교훈이 된다.

디모데 전후서와 디도서를 '목회 서신'이라고 명명한 것은 전통적인 비 사도적 패러다임 속에서 행해진 것이다. 하지만 이 서신서들은 목회 서신이 아니라, '사도 서신서'이다. 디모데와 디도는 지역 교회를 담임하는 목회자들이 아니었다. 그들은 수직적 사도들로서, 바울의 사도팀에 속한 자들이었다. 내가 알기로 이 서신서들을 목회 서신이 아니라 사도 서신으로 다룬 첫 번째 주석은 스티브 히키에 의한 "달성할 수 있는 삶의 목적" *Obtainable Destiny*이다.

예를 들어, 바울이 디도에게 다음과 같이 쓴 것을 보라. "내가 너를 그레데에 떨어뜨려 둔 이유는 부족한 일을 바로잡고"(딛 1:5). 모든 사도들의 주요 임무들 중의 하나는 어떠한 것들을 '바로 잡는 것'이어야 한다. 바울은 계속해서 다음과 같이 말한다. "나의 명한 대로 각 성에 장로들을 세우게 하려 함이니"(딛 1:5). 그 당시의 장로들은 교회의 목회자로서 기능을 하였다(물론, 그 당시의 교회는 가정 교회였다). 따라서 디도는 그레데에 있는 목회자들과 교회들을 감독했던 수직적 사도였다.

내가 사도 사역이라는 주제를 가지고 쓴 첫 번째 책인 〈신 사도적 교회〉*The New Apostolic Church*를 편집할 때에, 18명의 사도들을 초대해 그들 자신의 사도 네트워크를 시작하게 된 경위와 그것이 어떻게 진행되고 있는지에 관해 1인칭으로 써달라고 부탁했다. 그들은 모두 수직적 사도들이었다. 그들 각 사람들은 사도로서 어떤 네트워크를 감독하고 있다는 의미에서 '수직적' 사도들이었다. 그들 각자의 일차적 사도 영역은 그들의 네트워크였으며, 그 안에서 그들의 권위에는 그들을 따르는 자들이 분명하게 인식할 수 있는 하나님의 기름부음이 있었다. 그 당시, 즉 1990년대 중반에는 수직적 사도들이 매우 보편적이었기 때문에, 나는 다른 종류의 사도들은 생각을 해 본 적이 없었다.

수평적 사도들

앞에서 내가 사도라는 것을 안 이후부터 그 직함을 받아들이기까지 3년이라는 기간이 걸렸다고 언급한 적이 있다. 그 때에 나에게 가장 큰 장애물이 되었던 것은 내가 어떤 종류의 사도인지를 알지 못했던 것이었다. 내가 알고 지냈던 모든 사도들은 수직적 사도들이었으며, 나는 내가 그들과 같은 사도가 아니라는 것을 알고 있었다. 이 문제의 실마리가 풀리게 된 것은 영국에 있는 나의 친구 로저 미첼Roger Michell이 수직적 사도들뿐만 아니라 수평적 사도들이 있다는 것을 제안했을 때였다. 나는 즉시 내가 수평적 사도의 범주에 적격임을 알게 되었고, 하나님께서 나에게 주신 임무를 실행할 준비를 시작했다.

수평적 사도들은 수직적 사도들과는 달리 일차적인 영적 보호막과 감독의 역할을 해주는 교회나 사역이나 개인들을 가지고 있지 않다. 이들은 동료 수준의 리더들로서 다른 여러 목적들을 성취할 수 있도록 서로를 연결해 주는 기능을 한다. 수평적 사도의 가장 좋은 실례가 야고보이다. 그는 이방인들이 구원받기 위해 할례를 받고 '유대인'이 되어야 하는가에 대한 문제를 해결하기 위해 예루살렘 공의회를 소집했다.

이 야고보가 12명의 원 사도들 중의 한 사람이 아님을 아는 것이 중요하다. 원 사도들 중에는 야고보라는 이름을 가진 자가 두 명이나 있었다. 한 사람에 대해서는 우리가 아는 바가 거의 없지만, 다른 사람은 세베대의 아들로서 예수님의 핵심 멤버들(베드로, 야고보, 요한) 중 한 인물이었다. 예루살렘의 야고보는 사도행전 12장에서 헤롯에 의해 죽임을 당했으며, 요셉과 마리아를 통해 태어난 예수님의 친동생이었다. 그는 당시 예루살렘 교회의 지도자였다.

내가 이것을 언급하는 이유는 그 때에 야고보의 초대를 받아 예루살렘에 온 사도들은 베드로, 요한, 바울, 마태, 아볼로, 바나바, 도마 등과 같은 수직적 사도들이기 때문이다. 이들은 사도들로 구성된 드림팀dream team이었다. 나는 그러한 수직적 사도들 중 그 어느 누구도 예루살렘 공의회를 성공적으로 수행할 수 없을 것이라 생각한다. 오직 야고보만이 그러한 일을 할 수 있었던 것이다!

수직적 사도들은 대개 서로를 찾아다니면서 다른 사람들과 시간을 보내는 일은 거의 없는 것 같다. 그들이 너무 바쁘거나(대부분의 사도들이 그렇다), 다른 사도들과 특별히 가까운 관계가 아니라면 더욱 그러하다. 예를 들어 베드로와 바울을 보자. 그들이 서로 절친한 친구가 아니었음이 분명하다. 그들은 성경에서 상대를 비난할 정도로 서로를 싫어한 것 같다. 바울은 베드로가 이방인들과 함께 먹지 않으려 하는 것 때문에 그를 비난했다(갈 2:11-12). 베드로는 바울의 서신들이 이해하기 어렵고 위험하다고 기록했다(벧후 3:16). 내가 말하고자 하는 것은 바울이나 베드로가 예루살렘 공의회를 소집했다면, 둘 중 하나는 참석하지 않았을 것이라는 것이다. 하지만 수평적 사도인 야고보가 그 모임을 소집했기 때문에 그 두 사람 모두 참석하게 되었다.

사도적 선언문 발표

야고보는 예루살렘 공의회에서 온전한 사도적 권위를 지니고 있었다. 나는 그 공의회에 대한 이야기를 매우 좋아한다. 그 이유는 그 이야기 속에서 내 모습을 볼 수 있기 때문이다. 많은 경우에 있어서, 나는 야고보가 한 일과 똑같은 일들을 해왔다. 먼저, 야보고는 참석한 모든 사도들에게 그들이 직면하고 있는 문제에 관하여 말할 수 있는 기회를 주었다. 우리는 사도행전 15장 13절 말씀(그들 모두가 잠잠해진 이후에) 때문에 야고보가 그렇게 했다는 것을 알고 있다. 성경은 그 회의가 얼마나 오래 지속되었는지에 대해 언급하지 않지만, 나는 꽤 오래 지속되었을 것이라 생각한다. 왜냐하면 그 곳에 모인 사도들 모두가 자기들의 의견을 말했을 것이기 때문이다.

야고보가 어떻게 이 회의를 진행했는지에 주목하라. 야고보는 투표하거나, 당면한 문제를 더 연구하기 위해 위원회를 조직하지 않았다(현재 많은 교회 단체들은 이렇게 하고 있다). 야고보는 단순히 "형제들아, 내 말을 들으라"(행 15:13)고 말했다. 그는 온전한 권위를 지니고 있었다. 야고보는 다른 사도들의 의견을 들은 후에 어떤 자기의 의견을 가진 것이 아니라, 주님의 마음을 가지고 있었다. 그리고 이 회의가 성령의 인도함을 받는 사도적 분위기 속에서 진행되었기 때문에, 그러한 큰 사도들도 야고보의 말에 주의를 기울이게 되었다.

결국 야고보는 한 사도적 선언문을 발표하게 되었고, 이 선언문은 이 땅에서 선교와 관련해 가장 중요한 성명서가 되기에 이르렀다. 야고보는 다음과 같이 말했다. "그러므로 내 의견에는 이방인 중에서 하나님께로 돌아오는 자들을 괴롭게 말라"(행 15:19). 이 말 속에서 그가 1인칭 단수, 즉 '내 의견에는'I judge을 사용한 것에 주목하라. 사도 야고보는 사도로서 마땅히 해야 할 일을 행하고 있다. 즉 그는 성령께서 교회들에 말씀하시는 것을 듣고 있다.

모든 성도들이 성령의 음성을 직접 들을 수 있고 들어야 하지만, 성령께서 교회들에 하시는 음성을 듣는 자들은 오직 선지자들과 합당한 관계를 맺고 있는 사도들이다. 부모들은 성령께서 가정에 하시는 음성을 듣는다. CEO들은 성령께서 그들의 사업에 하시는 음성을 듣는다. 교사들은 성령께서 그들의 학생들에게 말씀하시는 음성을 듣는다. 목사들은 성령께서 그의 교회에 말씀하시는 음성을 듣는다. 그러나 선지자들과 함께 사도들은 성령께서 교회들에 하시는 말씀을 듣는 자들이다. 이것이 바울이 다음과 같이 말했을 때에 의미한 것이다. "이제 그의 거룩한 사도들과 선지자들에게 성령으로 나타내신 것같이 다른 세대에서는 사람의 아들들에게 알게 하지 아니하셨으니"(엡 3:5).

또한 그 회의에 참석했던 사도들의 반응을 보라. 그들은 야고보의 입에서 나온 권위 있는 말씀을 기쁨으로 받아 들였다. "이에 사도와 장로와 온 교회가 그중에서 사람을 택하여 바울과 바나바와 함께 안디옥으로 보내기를 가결하니 곧 형제 중에 인도자인 바사바라 하는 유다와 실라더라"(행 15:22). "성령과 우리는 이 요긴한 것들 외에 아무 짐도 너희에게 지우지 아니하는 것이 가한 줄 알았노니"(행 15:28). 야고보는 수평적 사도로서 하나님께서 그에게 주신 영역 안에서 기능하고 있었기 때문에 엄청난 권위를 지니고 있었다.

하지만, 예루살렘 공의회를 마치고 자기들의 지역으로 나아간 사도들은 더 이상 야고보의 권위 아래에 있지 않았다. 수평적 사도로서 그 특별한 문제를 위해 야고보가 지닌 권위는 예루살렘 공의회와 함께 시작되었고, 그 회의가 끝나면서 그 권위도 함께 사라지게 되었다.

사도적 선포의 능력

우리는 중보 기도를 통해 초자연적인 능력이 나타나는 것을 자주 보아 왔다. 그러나 그와 비슷한 능력이 사도들의 선포를 통해 나타날 수 있다는 것은 많은 사람들에게 생소한 사실인 것 같다. 하나님은 예루살렘 공의회에서 야고보가 한 것과 같은 선포에 반응하여 특정한 일들을 행하신다. 야고보가 선포하지 않았다면 (우리가 아는 한) 하나님은 아무런 일을 행하지 않으셨을지도 모른다.

하늘의 권세를 받을 수 있는 두 가지 형태가 욥기 22장에 기록되어 있다. 청원petition의 형태가 27절에 기록되어 있다. "너는 그에게 기도하겠고 그는 들으실 것이며 너의 서원한 것을 네가 갚으리라." 선포proclamation의 형태는 28절에 기록되어 있다. "네가 무엇을 선포하면(개역성경에는 '경영하면'으로 되어 있음: 역주) 이루어질 것이요 네 길에 빛이 비취리라."

홍해 앞에 서 있는 모세의 경우를 보라. "여호와께서 모세에게 이르시되 너는 어찌하여 내게 부르짖느뇨 이스라엘 자손을 명하여 앞으로 나가게 하고 지팡이를 들고 손을 바다 위로 내밀어 그것으로 갈라지게 하라 이스라엘 자손이 바다 가운데 육지로 행하리라" (출 14:15-16). 하나님은 이 경우에 있어서는 "내게 부르짖는" 중보 기도가 통하지 않을 것이라는 것을 분명하게 말씀하셨다. 이 때는 사도적 선포가 필요한 때였다. 우리는 언제 청원에서 선포로 나아가야 할지를 분별할 수 있어야 한다. 사실 이것을 하기 위해서는 용기가 필요하다.

2001년에, 나는 청원에서 선포로 나아가는 것의 중요성을 인식하게 되었다. 그 당시에는 한 번도 이론을 실제로 옮기지 못하고 있었다. 내가 사도라는 것은 알고 있었지만, 사람들 앞에서 사도적 선포를 하는 것에는 아직 자신이 없었다. 하물며 그러한 선포에 실제로 어떤 일을 일으킬 영적 권위가 부여지기를 기대하는 것은 더욱 힘든 일이었다. 하지만 이러한 나의 태도는 2001년 10월에 독일의 하노버에서 국제적인 대형 기도 집회를 인도하는 중에 변화되었다.

광우병

이러한 것이 사소한 것처럼 들릴지 모르지만, 원리는 매우 중요하다. 아내 도리스와 나는 스테이크를 매우 좋아한다. 우리 가족은 여행할 때에 가장 좋은 스테이크 식당을 찾아 음식 먹기를 즐긴다. 하노버에서도 그렇게 했다. 그런데 메뉴를 보니까 모두 '아르헨티나 비프스테이크' 혹은 '아메리카 비프스테이크'라고 적혀 있었다. 그 때에 독일의 스테이크 식당들이 독일 쇠고기를 사용할 수 없는 이유가 그 나라에 아주 치명적인 광우병이 돌고 있기 때문이라는 생각이 떠올랐다. 아내 도리스와 나는 농부이다. 그렇기 때문에 우리는 죄 없는 독일 농부들이 이 질병에 의해 희생될 수 있다는 생각에 분노하게 되었다.

나는 하나님의 능력이 강하게 임한 어느 집회 시간까지 이것에 대해 별로 깊은 생각을 하지 않고 있었다. 따라서 다음과 같은 하나님의 말씀이 들려 올 때에 나는 깜짝 놀라지 않을 수 없었다. "광우병에 대한 권세를 취하라." 이러한 일은 나에게 한 번도 일어난 적이 없었다. 따라서 이것을 놓고 기도하기 시작했다. 내가 이 집회의 책임자였기 때문에, 누구에게도 허락을 요청할 필요는 없었다. 나는 강단에 올라섰고, 그 곳에 이미 강한 기름 부으심이 있음을 지각할 수 있었다. 내가 이 상황을 60여 개국에서 온 2500명의 대표들에게 설명하기 시작했을 때에, 내 안에서 갑자기 통곡과 눈물이 쏟아져 나와 매우 당혹스러웠다. 하지만 그 때에 나는 사도적 권세를 가지고 "유럽과 영국에서 광우병은 사라지라"고 선포했다. 그 곳에 참석한 사람들이 큰 소리로 동의를 하면서 나를 격려해 주었다.

이 때가 2001년 10월 1일이었다. 한 달 후에 내 친구가 영국에서 한 신문을 보내 왔다. 그 신문에는 광우병이 사라졌으며, 광우병이 마지막 발생한 것은 2001년 9월 30일이라고 적혀 있었다. 사도적 선포가 있기 바로 전날이었다. 이 이야기를 통해 내가 나누고자 하는 것이 있다. 그것은 내 안에 타고난 어떤 초자연적인 능력이 있다는 것이 아니라, 사도들이 하나님의 음성을 분명히 듣고 그

분의 뜻을 선포할 때에 예루살렘의 야고보를 통해 일어났던 것처럼 역사가 변화될 수 있다는 것이다.

일터의 사도들

세 번째로 중요하고 광범위한 사도 사역의 영역은 일터이다. 일터의 사도들은 때로 '왕'king으로 불린다. 수직적 사도들과 수평적인 사도들은 주로 '핵 교회'nuclear church라 불릴 수 있는 곳에서 사역을 하지만, 일터의 사도들은 주로 '확대 교회'extended church 에서 사역을 한다. 사회학자들이 핵 가족과 확대 가족을 구분하는 것처럼, 나는 교회도 그렇게 분류될 수 있다고 생각한다.

일터의 사도들이라는 개념은 매우 새롭고 급속히 발전되고 있는 이해의 영역이기 때문에, 여기에서 조금 설명하는 대신에 나중에 한 장 전체를 할애하여 설명할 것이다.

영역들이 중요하다

사도들이 하나님께서 그들 각자에게 맡겨 주신 사역의 영역들을 인식하지 못한다면, 그들은 하나님께서 원하시는 모든 것을 결코 수행할 수 없을 것이다. 사도의 영역을 이해하기 위한 좋은 출발점은 수평적 사도와 수직적 사도와 일터의 사도들 사이의 차이점을 구분하는 것이다.

또한 우리 모두가 그리스도의 몸 안에서 어떠한 기능을 해야 하는지를 알게 해주는 다른 하위범주의 영역들도 몇몇 있다(특별히 이것은 지도자들에게 도움이 될 것이다). 이러한 것들의 일부를 다음 장에서 살펴볼 것이다.

제7장

우리 각자에게 맞는 영역은 어디인가?

Where Do We All Fit

앞 장에서 '수직적 사도', '수평적 사도', '일터의 사도'라는 용어들을 소개했다. 이제 나는 또한 다른 유형의 사도들에게 적용될 수 있는 추가적인 용어들을 제시할 것이다.

어떤 독자들은 내가 지나치게 복잡하게 만들고 있다고 생각할지도 모른다. 나도 그렇게 보일 수 있다는 것을 인정하지만, 사실 나의 의도는 그와 정반대이다.

나는 모든 것을 단순화시키려 노력하고 있으며 ― 적어도 우리와 같은 전문가들을 위해서 ―, 사도직에 대한 하나님의 계획 속에서 우리 각자에게 맞는 영역이 어디인가?에 대한 질문에 대답하려 노력하고 있다.

전문가들에게는 상세한 것이 필요하다

이번 장은 일반적인 성도들보다는 사도 사역의 영역에서 전문가가 되고자 하는 자들에게 더 적합할 것이다. 아주 상세한 설명들이 가져다 줄 수 있는 몇몇 유익들에 대한 실례로서 어떤 가축 분류법이 생각난다.

도리스와 나는 낙농업자들이다. 그렇기 때문에 우리의 전문적인 영역들 중의 하나는 젖소들이다. 도리스는 뉴욕 주의 4-H(head, hand, heart, health : 역주) 젖소 판정팀의 일원이었다. 나는 대학에서 낙농 제품에 대한 학위를 받았고, 럿거스 대학Rutgers University 젖소 판정팀의 일원이었다. 따라서 우리 두 사람은 상대적으로 작은 그 관심의 영역에서 전문가라 불릴 수 있는 자격을 갖추고 있다.

도리스와 나는 고속도로 위에서 차를 운전하면서 들판의 소들을 볼 때가 있다. 아마도 우리는 다른 대부분의 운전자들과는 다르게 반응한다고 생각한다. 대부분의 사람들은 "와, 저 소들 좀 봐!"라고 탄성을 지를 것이다. 그들은 그렇게 함으로써 소를 말이나 양과 구별할 수 있는 능력을 나타내는 것이다. 물론 이 능력이 대부분의 사람들에게 필요한 모든 것일 수 있다. 그들 중 일부는 또한 그 소들이 일반 소가 아니라 젖소라는 것을 알 수도 있을 것이다. 하지만 우리가 그 소들을 본다면, 분명히 "저 홀스타인(젖소의 일

종: 역주)들 좀 봐!"라고 말할 것이다. 비전문가들과는 달리, 그 순간에 도리스와 나에게는 건지guernseys, 에어서 Ayrshires, 저지 Jerseys, 혹은 브라운 스위스Brown Swiss가 아닌 홀스타인을 보고 있다는 것을 아는 것이 매우 중요하다.

이것을 사도 사역에 적용해 보자. 수많은 그리스도인들은 사도들과 선지자들 사이의 차이를 말할 수 있을 것이다. 이것이 그들이 알 필요가 있는 전부일 수도 있다. 하지만 사도들, 사도적 교회들, 사도 사역, 또는 사도의 가르침과 긴밀한 관계를 가지고 있는 지도자들은 이렇게 상세한 사도적 분류법에 매우 감사할 것이다.

사도는 종이다

제 1장에서, 나는 선구자적 사도들의 운동이 제2차 세계대전 이후에 일어났지만, 몇 가지 실수들을 범했고 그 결과 그러한 많은 운동들이 상대적으로 오래 지속되지 못했다는 것을 언급했다. 그러한 실수들 중의 하나는 사도들이 지나친 권위를 행사한 것이었다. 나의 친구 리오 로슨Leo Lawson은 '제2차 세계대전의 사도들' World war II apostles과 '마이크로소프트 사도들'—오늘날의 신 사도적 개혁을 하는 사도들의 특징과 비슷하다—을 대조하기를 좋아한다. 마이크로소프트 사도들은 지시적이기보다는 관계적인 것을 추구한다. 이렇게 함으로써 그들은 종으로서의 기능을 더욱 잘

감당하고자 한다.

하지만 사도들이 정말 종이 될 수 있을까? 이 질문은 놀라운 것이 아니다. 성경에서 사도들은 '먼저'(고전 12:28)와 '토대'(엡 2:20)라는 강렬한 용어들로 칭해졌다. 예수님의 모든 제자들 중에서 12사도가 가장 엘리트 그룹에 속하는 자들로 여겨졌다. 나는 사도들을 특징지워 주는 엄청난 권위를 이미 상세하게 설명했다. 사도로서 높여진 사람이 어떻게 또한 참된 종이 될 수 있을까? 나는 참된 종이 되지 않고서는 아무도 참된 사도가 될 수 없다는 대담한 말로 이 질문에 대답하려 한다.

사도적 리더십과 종의 신분

예수님의 제자였던 야고보와 요한은 자기들의 직접적인 경험을 통해 이 질문에 대답할 수 있을 것이다. 그들은 어느 시점에 스스로를 높이기 원했다. 그들은 하나님 나라에서 예수님에 다음가는 자들이 되기를 원했다. 예수님은 이것에 대해 그들을 책망하셨고, 그 기회를 이용해 그들과 다른 제자들에게 종의 리더십 servant leadership에 대한 심오한 가르침을 주셨다. 주님은 먼저 사도들은 이방인과 같이 되어 다른 사람들을 주관하려 해서는 안 된다고 말씀하셨다(막 10:42). 예수님은 이 말씀을 하신 후에 "너희 중에 누구든지 크고자 하는 자는 너희를 섬기는 자가 되고"(43절)라는 궁

정적인 말씀을 해주셨다. 이와 같이 예수님에 의하면, 사도적 리더십은 세상의 리더십과는 달리 종의 자세에 기초해야 한다. 사도적 리더십을 얻을 수 있는 또 다른 방법은 존재하지 않는다.

예수님은 크고자 하는 것에 어떤 문제가 있다고 말씀하지 않으셨다. 하지만 예수님은 분명히 하나님 나라에서는 사도적 리더십이 협박이나 자기 과시에 기초하지 않는다고 말씀하셨다. 이것은 요구될 수 있는 것도 아니고, 억지로 끌어낼 수 있는 것도 아니다. 사도적 리더십은 자연스럽게 얻어져야 한다.

어떤 사도가 진정한 사도인지를 알 수 있는 리트머스 테스트와 같은 것이 있다. 어떤 사도에게 따르는 자들이 있다면, 그들은 그 사도를 따르기로 결심하기 전에 그 안에서 그들을 섬기고자 하는 종의 자세를 발견할 수 있어야 한다. 어떤 사도가 종인지 아닌지에 관해서는 오직 그 사도를 따르는 자들의 의견이 가장 중요하다는 것을 명심하라.

다른 사도적 영역에 있는 사람들이 어떤 사도의 사례를 보면서 그가 정말 종처럼 처신하고 있는지에 대해 의문을 가질 수 있을 것이다. 하지만 그들의 의견은 그 사도를 따르는 자들이 그(그녀)를 자신들의 종으로 지각하고 있는 한 거의 무시해도 무방할 것이다. 종의 자세를 가지고 사는 사도가 내리는 결정들은 결국 그를 따르는 자들의 유익을 위한 것이어야 하며, 또한 그들에 의해 정말 그렇다는 인정을 받게 되어 있다. 그렇기 때문에 그들이 사도들이 결정한 것들을 받아들이며, 기쁨으로 사도를 따르게 되는 것이다.

기초를 놓는 사도들과 개혁을 일으키는 사도들

로저 미쉘Roger Michell은 "대부분의 사도들은 근본적인 사도적 특징들의 두 범주 중 하나일 것"이라고 말한 적이 있다. 기초를 놓는 사도들이나 개혁을 일으키는 사도들. 기초를 놓는 사도들은 새로운 영역을 취하기 위해 밖으로 나아가는 사람들이다. 그들은 경계를 무너트리고 전진하는 자들이다.

바울은 기초를 놓는 사도였을 것이다. 그는 "또 내가 그리스도의 이름을 부르는 곳에는 복음을 전하지 않기로 힘썼노니 이는 남의 터 위에 건축하지 아니하려 함이라"(롬 15:20)고 말한다. 바울은 고린도에서 교회를 개척했고, 후에 그 곳의 성도들에게 편지를 썼다. "내가 지혜로운 건축자와 같이 터를 닦아 두매 다른 이가 그 위에 세우나"(고전 3:10). 이 범주에 속하는 자들로서 역사 가운데에서 잘 알려진 사도들에는 아일랜드의 패트릭Patrick과 윌리엄 캐리William Carey, 허드슨 테일러Hudson Taylor 같은 사람들이 포함될 것이다.

반면에 개혁을 일으키는 사도들은 기초를 놓는 사도들에 의해 한때 취해졌지만 부정적인 영적 세력들로 인하여 대부분 혹은 부분적으로 상실한 영역을 되찾기 위해 안으로 들어가는 자들이다.

바울이 세운 에베소 교회를 떠맡은 요한이 이 범주에 속한 좋은 성경적 실례이다. 이 범주에 속한 자들로서 기독교 역사에 큰 획을 그은 사도들에는 마틴 루터, 존 웨슬리, 조나단 에드워즈 같은 사람들이 포함될 것이다.

나는 내 자신을 개혁을 일으키는 사도라기보다는 기초를 놓는 사도로 바라보고 있다. 나는 새로운 일을 개척하는 것은 즐기지만, 내가 놓은 토대 위에 세워진 것에는 오랫동안 주의를 기울이지 못한다.

여덟 가지의 사도적 활동

'기초를 놓는'foundational과 '개혁을 일으키는'reformational은 일반적인 용어들이다. 이제, 좀더 상세하게 살펴보자. 나는 지금부터 수직적 사도들과 수평적 사도들의 네 가지 하위 범주를 살펴보려 한다. 기초를 놓는 사도들과 개혁을 일으키는 사도들은 여덟 가지 종류의 사도적 활동들에 몸을 담을 수 있다. 내가 이러한 것들을 활동(역사)이라 부르는 근거는 고린도 전서 12장 4-6절 말씀 때문이다. 이 구절들에는 '은사', '사역(직임)', '활동(역사)'이라는 단어들이 언급돼 있다. 모든 사도들이 은사를 가지고 있지만, 모두 같은 사역을 행하는 것은 아니다. 사도들은 수직적, 수평적, 일터를 포함하는 다른 '사역'을 가지고 있다. 또한 수직적 사도들과 수평적 사도들은 이러한 여덟 가지의 하위 범주들을 포함하는 다른 '활동들'을 행한다.

이러한 여덟 가지의 사도적 활동들을 인식하게 되면 '허울뿐인 권위'라 불릴 수 있는 것으로 인한 문제들을 막는 데 효과가 있을 수 있다. 이 여덟 가지의 사도적 영역들은 사도들로 하여금 하나님께서 그들에게 맡기신 정확한 영역들과, 그 안에서 하나님께서 그들에게 주신 참된 사도적 권위를 분명하게 인식하는 데에 도움을 줄 것이다. 또한 사도들이 이것들을 인식함으로써 자기들의 영역 밖에서 권위를 행사하려는 시도가 사라졌으면 하는 것이 나의 희망사항이다. 어떤 사도가 다른 사도의 영역에 침범해 권위를 행사하려 할 때에는 문제가 일어나게 되어 있다. 이렇게 되면 허울뿐인 권위를 과시함으로써 상처가 남게 될 것이다. 권위의 한 영역이 어디에서 끝나고 또 다른 영역이 어디에서 시작하는지를 인식하게 되면 그러한 일이 일어나는 것을 방지할 수 있을 것이다.

수직적 사도의 네 영역

수직적 사도들을 구별해 주는 주요한 특징은 그들이 어떤 유형의 조직이든지 그 안에서 수장의 역할을 맡는다는 것이다. 그들에게 수장의 역할이 맡겨지는 것은 그들이 그러한 기관들에서 성공적으로 사다리를 탔기 때문이 아니라, 다른 사람들과 맺어 온 관계를 통해 그들에게 지도자의 역할이 주어졌기 때문이다. 그들은 스스로를 종으로 증명해 보인 자들이다. 그들은 다른 사람들을 인도하며 섬기는 자들이다. 그들은 그들을 따르는 자들의 유익을 위해 사도적 권위를 행사한다.

수직적 사도들은 그들의 네트워크 안에 있는 다른 사람들을 위해 24/7 동안 영적 '보호막'이 되어 준다. 그들은 그들을 따르는 자들이 하나님께서 원하시는 모습으로 성장해 가는 것을 보면서 스스로를 성공한 자들로 간주할 것이다.

여기에 수직적 사도들의 네 가지 하위 범주 혹은 활동들이 있다.

1. 교회의 사도들

내 관찰에 의하면, 교회의 사도들이 사도적 활동의 모든 범주들 중 가장 큰 부분을 차지한다. 사도 바울도 이 범주에 해당한다. 교회의 사도들에게는 많은 교회들을 포함하는 영역이 주어졌고, 또 어떤 사도들에게는 특정한 선교단체들을 포함하는 영역까지도 주어졌다.

교회의 목사들과 선교단체의 지도자들은 그들이 속한 네트워크 안에서 영적 책임감을 지니기 위해 사도를 찾는다. '사도적 네트워크'라는 말은 일반적으로 교회의 네트워크를 의미한다. 예전에는 교단이라는 것이 하나님께서 새로운 포도주를 부어 주시는 새 가죽 부대였지만, 지금은 사도적 네트워크가 제2사도 시대의 새 가죽 부대로 보인다.

목사들이 사도들의 손을 통해 안수를 받는 경우가 자주 있다. 사도는 그들을 보호해 주고, 그들의 영적 아비와 어미가 되어 준다. 교회의 사도들은 그들이 섬기는 목사들의 삶에 관여해 그들을 격려하고 필요하다면 책망할 수 있는 허락을 받은 자들이다. 이러한 언약 관계는 목사들이 그들 수입의 십 분의 일을 사도에게 줌으로서 봉인되어지고 영속성을 띠게 된다. 십 분의 일이 아닐지라도, 보통 사도를 위한 다른 형태의 재정적 지원을 하게 된다. 사도를 따르는 자들은 그들 자신의 개인적 필요를 채울 뿐만 아니라, 하나님 나라를 확장하기 위해 그들의 재물을 어떻게 사용해야 할지에 대한 사도의 지혜로운 판단을 신뢰한다.

오늘날 교회의 사도들 중 매우 좋은 실례가 될 수 있는 자들이 있다. 캘리포니아의 파사디나에 위치한 국제추수 선교회(Harvest International Ministries―41개국에 산재해 있는 5000개의 교회들이 속해 있다)를 이끌고 있는 체 안(Che Ahn), 펜실베이니아의 아프라타에 본부를 두고 있는 DOVE 국제 크리스천 협회(Christian Fellowship International―9개국에 98개의 교회들이 속해 있다)의 래리 크라이더, 플로리다의 산타 로사 비치에 위치한 크리스천 인터내셔널(Christian International―16개국에 405개의 교회와 605개의 사역들이 속해 있다)의 빌 해몬, 싱가포르에 있는 글로벌 리더십 네트워크(Global Leadership Network — 17개국에 산재해 있는 490개 교회들이 속해 있다)의 나오미 다우디, 나이지리아에 근거지를 두고 있는 에녹 아디보이(Enoch Adeboye — 50개국에 6000개 교회들이 속해 있다). 이와 같은 사역을 하는 자들은 이 외에도 수천에 이른다.

2. 사도적 팀을 이루는 구성원들

대부분의 사도들은 그들이 행하는 사도 사역을 지원하기 위해 이런 저런 형태의 리더십 팀을 발전시킨다. 팀의 구성원들에는 종종 배우자, 선지자, 행정가, 친한 친구, 재정 지원자와 같은 사람들이 포함된다. 그리고 일반적으로 한 사도가 그 팀의 리더가 된다. 반면에 리더십 팀에 다른 동료 수준의 사도들을 참여시키기로 선택하는 자들도 있다. 이렇게 하기 위해서는 특별한 종류의 '마이크로소프트 사도'가 필요하다. 이러한 형태가 잘 운영될 수 있다면, 자기 팀 혹은 네트워크에 더 많은 교회들을 참여케 할 수 있는 가능성이 커질 것이다.

나는 〈21세기 교회 성장의 지각 변동〉*Churchquake*에 건강한 교회의 사도적 네트워크에 참여할 수 있는 교회의 수에 왜 제한이 있는지에 대하여 상세하게 설명해 놓았다.[21] 그 이유는 사도적 네트워크(교단과 대조를 이룬다)가 법이나 관료주의나 조직적 구조에 의해서라기보다는 개인적인 관계들에 의해 형성된다는 원리 때문이다. 따라서 네트워크의 리더(사도)가 그 네트워크에 속해 있는 모든 교회들의 목사들과 개인적인 관계를 유지하는 것이 필수적이다. 여러 다양성을 고려할 때에, 이 네트워크를 형성하고 유지하는데 적당한 교회의 수는 50~150개 정도가 될 것이다.

이 숫자는 한 사도를 두고 있는 다른 네트워크들에도 적용될 수 있다. 하지만 네트워크들이 사도적 팀에 의해 운영된다면 그리고 그 팀에 여러 사도들이 있다면, 더 많은 교회들이 이러한 관계적 구조 안으로 들어올 수 있을 것이다. 사도적 팀의 구성원들이 그 네트워크의 우두머리 사도가 아닐지라도, 사도적 팀의 구성원들로서 그들은 교회의 사도 아래에서 똑같은 식으로 사역을 행한다.

3. 기능적 사도들

기능적 사도들은 많은 교회들을 감독하거나 사도적 보호막을 제공해 주는 일을 하지 않는다. 오히려 그들에게는 어떤 형태의 특수한 사역을 행하고 있는 개인이나 그룹들 위에 사도적 권위가 주어졌다. 이들을 따르는 자들은 또 다른 지도자의 개인적 보호막 아래에 있을 수 있다. 예를 들어, 그들은 어떤 지역 교회의 구성원일 수 있다. 그러면 그들은 당연히 그들이 속해 있는 지역 교회 목사의 지도를 받아야 한다. 그럼에도 불구하고, 특정한 사역의 영역에서 또는 특정한 동질 그룹에서, 그들은 인도와 훈육을 받기 위해 그리고 책임 있는 사역을 위해 기능적 사도를 찾을 수 있다.

어글로 인터내셔널Aglow International의 제인 한센이 한 실례가 될 수 있다. 그녀는 인정받는 사도로서 국제 사도 협회ICA의 일원이다. 그녀는 또한 한 지역 교회의 성도이기 때문에 자기 교회 목사의 영적 보호막 아래에 있다. 그러나 그녀는 또한 세계에서 가장 저명한 기독교 여성 조직들 중 하나에 사도적 보호막을 제공하고 있다. 미국 내 50개 주의 어글로 대표들은 그녀를 의지하고 있으며, 또한 150개국에 있는 어글로 단체의 나라 대표들도 그렇게 하고 있다. 제인의 사도적 권위는 어글로와 관련된 그들의 활동에 제한된다. 물론 특정한 개별적 사례들에 있어서는 약간 더 포괄적일 수도 있을 것이다.

또 한 실례가 Cleansing Stream(깨끗케 하는 시냇물이라는 뜻―역주)이라는 사역의 크리스 헤이워드Chris Hayward이다. 그 또한 ICA의 일원이다. 그는 지역 교회들에 축사 사역팀을 세워 주는 일에 있어서 내가 아는 한 어느 누구보다 더 큰 일을 해왔다. 미국에서 2500개가 넘는 교회들과, 22개국의 500개가 넘는 교회들이 Cleansing Stream 세미나를 개최하고 있다. 이 교회들 중 상당수의 교회들이 적어도 하나, 혹은 여러 개의 축사 사역팀을 가지고 있으며, 이 팀들은 자기 교회 목사의 보호 하에서 사역을 행하고 있다. 팀 구성원들과 지도자들은 먼저 이 세미나와 수련회를 경험하며, 그 다음 두 번째 해에 개최되는 Cleansing Stream 제자화 프로그램에 참여한다. 이 거대한 국제적 사역의 지도자들은 크리스 헤이워

드를 그들의 기능적 사도로 받아들이고 있다.

이 외에도 기능적 사도의 역할을 하고 있는 다른 사람들을 예로 들 수 있다. 예수 전도단에 사도적 리더십을 제공해 주고 있는 로렌 컨닝햄, Every Home for Christ(그리스도를 위한 모든 가정)라는 사역을 이끌고 있는 딕 이스트먼Dick Eastman, Global Apostolic prayer Network(세계 사도 기도 네트워크)의 척 피어스 등. 이들은 모두 기능적 사도들로서 교회들이나 목사들을 위해서가 아니라, 하나님 나라를 확장시키고 있는 다른 역동적인 사역 단체들을 위해 헌신하고 있는 자들이다.

4. 회중의 사도들

학교에서 나의 가장 우선적인 전공 분야는 교회 성장 분야였다. 나는 수년 동안 광범위한 연구를 한 결과, 어느 지역 교회든지 성장해 가는 과정에서 예측 가능한 두 관문을 통과해야 한다는 결론을 내리게 되었다. 하나는 200명 고지이고, 두 번째 관문은 800명 고지였다(여기에서 숫자는 활동교인을 나타낸다). 대부분의 미국 교회들(90% 이상)은 200명이 못 되는 성도들로 구성되어 있고, 7~8%의 교회들은 200명에서 700명 혹은 800명 정도로 구성되어 있다. 2~3%의 교회들만이 700~800명이 넘는 교인들을 가지고 있다.

교회가 이러한 관문들을 통과해 그러한 성도 수를 넘어가기 위해서는 우선 리더십의 기능이 바뀌어야 한다. 200명의 고지를 넘어서는 데 여러 다른 요인들이 작용할 수 있지만,[22] 리더십에 있어서 중요한 기능적 변화가 일어나야 한다. '목자'shepherd의 기능에서 '농장주'rancher의 기능으로. 한 목자는 모든 성도들에게 개인적인 돌봄을 제공해 준다. 다른 조건들에 문제가 없다면 이 모델은 교회를 200명 정도의 양적 성장으로 이끌 수 있을 것이다. 그러나 200명이 넘어서면, 목사는 목회적 돌봄을 다른 사람들에게 위임하기 시작해야 한다. 농장주는 양들을 개별적으로 돌보지 않는다. 오히려 농장주는 그러한 일이 잘 이루어질 수 있도록 감독하는 역할을 맡게 된다. 사역의 스타일에 있어서 이러한 변화는 대부분의 목사들에게 불가능한 것처럼 보이며, 또한 대부분의 성도들도 이것을 받아들일 수 없을 것처럼 보이기 때문에, 90%의 교회들이 200명 선을 통과하지 못하고 있는 것이다.

하지만 어떤 이들은 농장주와 같은 기능으로 교회를 이끌어서 200명을 넘어서지만, 700~800명 사이의 어느 지점에 머무를 것이다. 700~800명 선을 넘어서려면 다시 특별한 종류의 지도자가 필요하다. 1980년에 미국 최고의 교구 상담가인 라이 샬러 Lyle Schaller는 700명이 넘는 교회들은 '소형 교단'[23]으로 설명될 수 있다고 제안했다. 1999년에, 높이 인정을 받는 교회 성장 전문가인 게리 매킨토시 Gary McIntosh는 다양한 크기의 교회들에서 나타나는 목회적 리더십을 설명하기 위해 세속적인 명칭을

사용하면서 800명이 넘는 교회의 목사들을 '회장president'이라 불렀다.[24]

나는 이러한 성도의 수와 관련해 매우 저명한 한 목사와 지도자의 역할에 대하여 이야기를 나눈 적이 있었다. 그 당시에 6,000명 이상이 그의 교회에 출석하고 있었고, 계속해서 성장하고 있었다. 그 당시에 나는 사도들에 관하여 가르치며 글을 쓰기 시작한 상태였다. 그와 이야기를 나누는 가운데 문득 그의 교회와 같이 커다란 '소형 교단'의 지도자들에 대한 가장 적당한 용어는 '회장'이나 '의장'이 아니라, '사도'라는 생각이 들었다. 또한 새 가죽 부대라는 용어를 사용하기 위해서는 '소형 교단'이라는 말보다 '소규모 사도 네트워크'mini-apostolic network라는 말이 더 좋은 표현이라 생각한다. 미국의 평균 교회들이 주일에 약 85명의 출석인원을 가지고 있다는 사실을 참작할 때에, 6,000명은 약 70개의 교회와 상응하는 것이다. 이렇게 볼 때에, 그 자체 교회만으로도 작지 않은 크기의 사도적 네트워크라 할 수 있다.

많은 사람들의 경우와 같이, 이 목사도 '사도'라는 직함을 받아들이고 싶어 하지 않았다. 이미 교회의 사도적 네트워크를 시작했음에도 불구하고 말이다. 그 직함을 사용하든 사용하지 않든, 이 목사의 리더십 역할은 분명히 '회중의 사도'라는 범주에 들어맞는다. 흔히 있는 일로서, 회중의 사도가 목회하는 교회는 또한 그의 수직적 사도 네트워크를 위한 중심 교회anchor Church가 된다.

요약하면, 목사는 교회를 200명까지 끌어 올릴 수 있고, 리더는 200명이 넘는 교회를 이끌 수 있지만, 700~800명이 넘는 교회로 성장하며 또한 계속해서 왕성한 성장을 이루기 위해서는 회중의 사도가 필요하다.

수평적 사도들의 네 가지 활동

수평적 사도들을 구분 지워 주는 주요한 특징은 수직적 사도들과는 달리 그들이 섬기는 자들에게 직접적이고 지속적인 영적 보호막을 제공해 주지 않는 것이다. 그들은 어떤 목적을 성취하기 위해 이런 저런 종류의 동료 사도들을 모으는 일에 기름 부음을 받은 자들이다. 이렇게 하는 이유는 개별적으로 하는 것보다 함께 모여서 할 때에 훨씬 더 효과적으로 목적을 달성할 수 있기 때문이다.

여기에 수평적 사도들의 하위 범주, 혹은 활동들 네 가지가 있다.

1. 모으는 사도들

나는 이 범주에 관하여 일인칭으로 쓸 수 있다. 예루살렘의 야고보와 같이, 나는 스스로를 '모으는' 수평적 사도로 바라본다. 이것이 나의 주 활동이다. 모으는 사도로서 섬기는 자들은 다른 영역들에서 정기적으로 섬기고 있는 동료 기독교 지도자들을 함께 모으는 기름부음을 지니고 있다. 이들은 하나님의 지시에 따라 특별한 목적을 위해 관계적 조직을 형성할 수 있는 능력을 지니고 있다.

나는 여러 해 동안 다음의 그룹들에서 사도의 역할을 감당해 오고 있다.

● **책임 있는 교육을 위한 사도 협회**(Apostolic Council for Educational Accountability: ACEA) 이 조직은 신 사도적 개혁에 동의하는 교육 기관들에 전통적 학문 인정 시스템을 대치할 수 있는 창조적이고 기능적인 인정시스템을 제공하기 위해 만들어졌다. 전통적인 학문 인정 시스템은 많은 사람들에 의해 막다른 골목에 이르렀으며, 하나님께서 우리에게 원하시는 존재로 나아가는 길에 방해가 되는 것으로 여겨지고 있다. 매년 5월에, 70여 개의 학교들과 많은 사도적 네트워크를 대표하는 교육자들이 관계를 맺고, 정보를 나누며, 서로 격려하기 위해 함께 모이고 있다.

● **예언적 장로들의 사도 협회**(Apostolic Council of Prophetic Elders: ACPE) 이 그룹은 매년 9월에 함께 모여서 관계를 맺어 나가고, 예언적으로 듣고 있는 것을 서로 나누며, 예언적 사역을 성실하고 훌륭하게 해나가기 위해 서로에게 책임 의식을 키워 주고 있다. 25명의 인정받는 선지자들로 구성되어 있다.

● 국제 축사 사역자 협회(International Society of Deliverance Ministries: ISDM) 이 그룹은 매년 가을에 150명이 넘는 축사 사역자들이 함께 모여서 관계를 맺고, 서로를 격려하며, 서로의 관심사항들을 나누며, 함께 배울 수 있는 기회를 제공해 주고 있다. 이들은 축사 사역자로서의 자격을 갖췄고 개인적으로 초대를 받은 자들이며, 이전에는 독립적으로 사역을 했던 자들이다.

● 국제 사도 협회(International Coalition of Apostles: ICA) 엄격한 추천과 초대의 과정을 통과한 500명이 넘는 사도들이 이 협회에 속해 있다. 나는 12월 첫 주에 댈러스에서 열리는 연례모임의 의장을 맡고 있다. 사도들은 모여서 서로의 이야기를 듣고, 사역의 기회들을 위해 서로 관계를 맺으며, 성령께서 교회들에 말씀하고 계신 것들에 대하여 함께 생각해 본다.

● 독수리 비전 사도 팀(Eagle's Vision Apostolic Team: EVAT) 이 수평적 네트워크를 조직하는 과정에서, 주님께서 나에게 요구하고 계신 것이 있다는 것을 분명하게 깨닫게 되었다. 그것은 소수의 사도들에게(그들 각자의 교회나 네트워크나 사역은 포함되지 않음) 좀더 수직적 형태의 사도적 책임감을 제공하라는 것이었다. 따라서 EVAT는 수평적 네트워크와 수직적 네트워크의 중간 단계에 속하는 것이다(이 팀의 한 구성원은 '대각선적'[diagonal] 네트워크라는

말을 제안하기도 했다!).

EVAT를 제외하면, 이러한 그룹의 구성원들에 대한 나의 사도적 권위는 기본적으로 연례 모임을 소집하고 그 모임에서 의장을 맡는 것이다. 나는 이러한 그룹의 구성원들을 위한 일차적인 책임을 지지 않는다. 물론 지도자로서 누가 구성원이며 누가 구성원이 아닌지에 대해 내가 책임을 져야 하기 때문에 2차적인 책임은 진다고 말할 수 있다. 나의 네트워크에 속하는 구성원들을 향한 비난이나 불평이 접수되면, 나는 그러한 것들을 양심적으로 조사한다. 예를 들어, 나는 ICA에 속한 네 명을 해고했으며, 또 다른 사람들의 사직서를 받아 들였다.

2. 대사적 사도

대사적 사도들은 사도 운동을 대규모로 촉진시키고 장려하는 순회 사역을 하는 자들이다. 그들은 이러한 것을 국내, 지역, 혹은 국제 무대에서 할 수 있다. 텍사스의 포트 워쓰에 거주하고 있는 존 켈리는 대사적 사도로서 ICA의 리더십 팀에서 나와 함께 섬기고 있다. 예를 들어, 어느 지역에 살고 있는 ICA의 멤버가 미래를 위해 서로 관계를 맺고 전략을 세우기 위해 그 지역의 사도들을 함께 모으고 싶어 한다고 가정해 보자. 이것을 성사시키기 위해서는 여러 가지 일들 중에서 특별히 그 지역에서 일어났을지도 모르는 부정적인 교회 정치를 중화시킬 수 있는 외부 사람을 불러오는 것이 선행되어야 할 것이다. 이렇게 하는 것이 지혜로울 것이다. 존 켈리는 그러한 일에 합당한 자이다. 그는 지역적 사도 회의를 개최하기 위해 필요한 촉매 역할을 하고 있으며, 새로운 사도들이 사도 네트워크를 올바로 조직하는 일을 지원해 주고 있다.

대사적 사도는 지역적 혹은 국제적 사도 회의를 소집하는 것을 도울 수 있을 뿐 아니라, 또한 현존하는 사도적 운동의 문제점을 해결하는 일에 일조하기도 한다. 사도 바울이 디도에게 말한 것과 같이(딛 1:5), 사도적 사역의 특징들 중의 하나가 '바로 잡는 것'이기 때문에, 대사적 사도들은 종종 어떤 특정한 시간에 특정한 장소에서 어떤 조치가 취해져야 할지에 대한 하나님의 계시를 받기도 한다. 그들은 이렇게 하나 저렇게 하나 패할 수밖에 없는 상황을 하나님의 영광을 위해 온전한 승리로 역전시킬 수 있는 자들이다.

3. 동원하는 사도

동원하는 사도들은 대사적 사도들과 같이 노상에서 시간을 많이 투자한다. 그러나 그들은 특정한 목적이나 프로젝트에 초점을 맞춘다는 점에서 대사적 사도들과 차이점이 있다. 예를 들어 'Generals International'이라는 사역을 주도하고 있는 신디 제이콥스는 세계를 여행하면서 운동을 일으키거나 진동을 일으키는 자들을 만나고 있다. 그녀는 이러한 자들을 '장군'이라 부른다. 그녀의 초점은 사회적 변화 혹은 개혁에 있다. 때때로 그녀는 그들을 초청해 함께 모이게 한다. 그 모임 장소는 보통 워싱턴 D.C 이다. 신디 제이콥스가 이렇게 행할 때에는 그녀의 수평적이고 사도적인 기름 부으심이 발동해 많은 다른 나라들로부터 수많은 장군들이 함께 모인다. 그들은 기도하면서 성령께서 말씀하시는 것을 듣고 함께 나누며, 또한 하나님 나라를 확장하기 위한 전략을 모색한다. 제이콥스는 전형적으로 동원하는 사도이다.

4. 지역적 사도

어떤 사도들의 일차적인 사도적 영역(들)은 특정한 지역에 의해 제한된다. 이러한 지역적 사도들은 도시나 주나 나라나 어느 지역을 위해 엄청난 권위를 받은 자들이다. 이들은 그 영역 내에서 하나님께서 주신 책임을 받아들였을 뿐만 아니라, 기독교 지도자들과 심지어 어떤 세속적인 지도자들도 이러한 사도들이 그러한 사회의 한 영역에서 지니고 있는 특별한 수준의 영향력을 인정하고 확증해 주었다.

나는 가장 현저한 지역적 사도들 중의 두 사람을 알고 있다. 한 사람은 메릴랜드 주 볼티모어에 있는 바트 피어스Bart pierce이고, 또 한 사람은 오클라호마의 존 베네피엘John Benefiel이다. 예를 들어, 바트 피어스는 볼티모어의 흑인 교회들을 대표하는 목회자 협회에 의해 공식적으로 위임을 받은 감독이자 사도이다. 존 베네피엘은 오클라호마의 남부 샤이엔족(북아메리카의 원주민)에 의해 공식적으로 샤이엔족의 이름을 얻는 영예를 받았다. 참고로 오클라호마는 미국에서 원주민들이 가장 밀집되어서 사는 곳이다.

하나님께서는 어느 한 사도가 독점적으로 어느 한 지역을 지배하는 것을 허락하시지는 않는다. 바트 피어스는 볼티모어의 여러 지역적 사도들 중의 한 사람일 뿐이며, 오클라호마의 존 베네피엘도 마찬가지이다.

지역적 사도들에는 어떤 민족 혹은 종족 그룹들 위해 사도적 리더십을 받은 자들도 포함된다. 이러한 사도들의 성서적 실례가 베드로와 바울이다. 그들 당시에 가장 두드러진 민족적 분열은 유대인과 이방인들 사이에 있었던 것이다. 하나님은 베드로를 '할례 받은 자들', 즉 유대인들의 사도로 임명하셨고, 바울을 '할례 받지 못한 자들', 즉 이방인들의 사도로 임명하셨다(갈 2:7).

이 두 사람은 모두 똑같은 지역(갈라디아와 아시아)에서 사역을 했지만, 한 사람은 주로 유대인에게, 또 한 사람은 주로 이방인들에게 사역을 했다. 오늘날에도 이와 비슷한 사역을 하는 실례가 있다. 댄 저스터Dan Juster와 나는 모두 국제 사도 협회의 구성원이며, 똑같이 미국에서 사역을 하고 있다. 그러나 댄은 주로 유대인들에게, 나는 주로 이방인들에게 사역을 하고 있다.

하이픈 사도들

많은 사도들이 한 범주 이상을 포괄하는 영적 은사와 사역과 활동을 하나님으로부터 받았다. 그리고 그들은 사도의 은사와 직분과 더불어 다른 은사들(심지어 다른 직분들)도 받았다. 예를 들어, 나는 가르침의 은사를 가지고 있다. 나는 오랫동안 사역을 해오면서 '교사'가 나의 유일한 직분이라 생각했다. 그러나 어느 시점에서, 하나님께서 나에게 또한 사도의 은사를 주셨다는 것을 깨닫기 시작했다. 그래서 나는 스스로를 '교사-사도'teacher-apostle로 간주하게 되었다. 내 사역의 첫 번째는 가르치는 것이었고, 두 번째는 사도의 역할을 하는 것이었다. 하지만 가장 최근에 나는 스스로를 사도-교사로 여기게 되었다. 나는 재정적인 분야에서 이러한 변화를 실감할 수 있었다. 30년 동안, 나는 풀러 신학교의 교수로서 사례를 받았었다. 그러나 이제는 독수리 비전 사도 팀EVAT의 사도로서 이 팀으로부터 사례를 받고 있다.

미국에서 가장 인정받는 선지자들 중의 한 사람인 빌 해몬은 자신을 선지자-사도(사도-선지자가 아니라)라고 이야기한다. 노스 캐롤라이나의 패에트빌Fayetteville에 있는 Grace Churches International의 사도인 마이클 플레처Michael Fletcher는 만나 교회의 담임 목사이기도 하다. 그는 사도-목사이다.

사도로 인정받고 있는 사람들은 또한 내가 언급한 대로 한 사역이나 한 활동 이상을 가지고 있을 수 있다. 예를 들어, 매우 드물기는 하지만, 한 사람이 수직적 사도인 동시에 수평적 사도일 수도 있다. 캐나다의 레드 디어에 있는 멜 뮬렌Mel Mullen이 대표적인 사람이다. 수년 동안 그는 오직 생명의 말씀Word of Life이라는 교회 네트워크를 위한 수직적 교회의 사도였다. 하지만 최근에 그는 또한 캐나다의 다른 사도들을 수평적 사도 네트워크인 캐나다 사도 협회Canadian Coalition of Apostles로 모으는 일에 가장 기름 부음이 있는 자로 등장했다.

사도들은 결코 똑같지 않다. 오늘날 하나님 나라에는 여러 다른 영역들에서 사역을 하고 있는 많은 사도들이 있다. 우리 각자에게 맞는 영역이 있으며, 그것을 아는 것이 매우 유익하다.

제8장

일터 속의 사도들

Apostles In The Workplace

2004년 전에는, 내가 일터 속의 사도에 관한 이 장을 쓸 수 없었다. 사실 2001년이 되어서야 일터 속에 교회와 같은 어떤 것이 있다는 사실에 내 눈이 열리기 시작했다.

그 이전에도 나의 몇몇 친구들로부터 일터 속의 사역에 관해 듣기는 했지만 거기에 전혀 마음이 끌리지 않았다. 그 때에는 지금까지 이 책에서 써온 것들, 즉 교회의 성서적 구조, 사도와 선지자, 신 사도적 개혁에 집중하고 있었다.

나는 사업이나 일터가 아닌 교회에서 성장한 사람이다. 따라서 내가 아닌 다른 사람들이 이와 같은 것들에 관심을 가지고 열심히 일해 주는 것으로 인해 나는 만족했다.

일터에 의해 위축되다

그러나 2001년에 이러한 나의 태도에 변화가 일어나기 시작했다. 내가 알게 된 기독교 사업가 부부로서 미네아폴리스에 살고 있는 데니스와 메간 도일이 트윈시티에서 말씀을 전해 달라고 나를 초청했다. 거기에 오랫동안 함께 모여 온 사업가 그룹이 있다는 것이었다. 사실 나는 이 초청으로 인해 깜짝 놀랐다. 갈 수 없다는 사과문을 전하고 싶었다. 이러한 종류의 사람들과 관계를 맺어 본 경험이 없기 때문이었다. 나는 일터 속의 리더들이 아니라, 교회의 리더들에게 말씀을 전하는 일에 익숙해 있었다. 그 때까지 나는 사도와 선지자에 관해 5권의 책을 저술했었고, 모두 교회의 지도자들을 대상으로 쓴 것들이다. 정직히 말하면, 나는 세속적인 사업가들에게 말씀을 전해야 한다는 생각에 약간 겁을 먹게 되었다.

내가 이 초대를 받고 곰곰이 생각하며 기도하고 있을 때에, 하나님께서 음성을 통해 나의 관심을 사로잡으셨다. 하나님께서 매우 분명하게 말씀하셨기 때문에, 내가 하나님의 음성을 듣고 있다는 것을 전혀 의심할 수 없었다. 하나님은 "아들아, 나는 네가 일터 속의 사역에 진지한 관심을 보이기를 원한다!"고 말씀하셨다. 그 순간부터 내 성향이나 감정은 그리 중요하지 않았다. 중요한 것은 순종하는 것이었다. 따라서 나는 하나님께 "예"라고 대답했고,

도일 부부의 초청에 응하게 되었다.

그러고 나서는 어떠한 말을 전해야 할지에 대한 계획을 세워야 했다. 나는 그 주제에 관해 준비된 교제를 가지고 있지 않았다. 전문적인 학자로서, 나의 성향은 다른 사람들이 이미 발견한 것들을 읽기 시작하는 것이었다. 책들을 구입해 읽기 시작했다. 그러다 보니 그 주제에 관한 책들이 내 서재에 100여 권 이상이나 쌓이게 됐다. 당시에 그 정도의 양이면 꽤 많은 것이었다. 그 책들 중의 한 권이 존 베케트John Beckett가 쓴 〈월요일을 사랑하기〉*Loving Monday*였다. 그 책을 통해 나는 내 생각에 심각한 결함이 있다는 것을 발견할 수 있었다. 존은 그 책을 통해 내가 믿는 자로서 히브리적 사고 구조로 준비돼야 함에도 불구하고, 헬라적 사고 구조를 지니고 있음을 깨닫게 해주었다. 이 문제를 가지고 씨름하는 동안 깨달은 것이 있다. 그것은 신학교에서 교수님들에 의해 헬라적 방식으로 가르침을 받았기 때문에 내가 헬라적 방식으로 생각해 왔다는 것이었다.

헬라적 사고 구조와 히브리적 사고 구조

존 베케트는 두 명의 유명한 헬라 철학자들을 예로 들면서 그의 주장을 피력했다. 첫 번째 인물이 프로타고라스였다. 베케트는 다음과 같이 썼다.

"성경의 하나님이 없다면, 인간들은 자기들 마음대로 살아가게 될 것이다. 기원전 5세기에, 프로타고라스는 '인간이 만물의 척도다'라는 유명한 격언을 통해 이것을 분명하게 표현했다."[25]

두 번째 철학자는 플라톤이었다. 베케트가 쓴 글을 보자.

"헬라인들은 '이원론' — 더 높고 더 낮은 사고와 활동의 영역들 — 에서 벗어날 수 없었고, 플라톤이야말로 이원론을 가장 잘 대표하는 자였다. 그는 변하지 않는 보편적인 진리를 찾으려 노력하였으며, 그것들을 이 두 영역들 중에서 더 높은 영역에 속한 것이라 했다. 그는 더 높은 차원을 영원한 이데아들로 구성되어 있는 '존재형식'이라 불렀다. 그리고 더 낮은 차원을 '물질'이라 불렀다. 이 낮은 차원은 일시적이고 물리적인 것이다. 플라톤의 일차적인 관심은 더 높은 존재형식에 있었다. 그는 이것을 일시적이고 불완전한 물리적인 세계보다 뛰어난 것으로 간주했다. 플라톤이 일과 직장을 두 영역들 중 어디에 두었는지 아는가? 더 낮은 영역에 두었다."[26]

나도 정확히 이렇게 일을 바라보도록 훈련을 받아 왔다. 일은 생계를 위해 필수적인 것이었으며, 믿는 자들이 잘 하기 위해 노력해야 하는 어떤 것이었다.

하지만 이것은 기독교 사역의 높은 길에 비유하면 낮은 길이었다. 나의 생각은 다음과 같은 것들을 구별하도록 프로그램화되어 있었다.

- 영적인 것들과 세상적인 것들
- 거룩한 것들과 세속적인 것들
- 교회와 세상
- 성직자와 평신도

내가 깨닫지 못한 것은 성경이 헬라적 세계관이 아니라 히브리적 세계관으로 쓰였다는 것이다. 헬라적 사고는 인생의 모든 것들을 조각조각 나누고 여러 등급으로 분류하는 경향이 있다. 반면에 히브리적 사고는 인생의 모든 것들을 통합하고 연결시키는 경향이 있다.

헬라인들은 우주적인 힘과 일상 생활 사이에 어떤 관계가 있다는 것을 거의 보지 못하지만, 히브리인들은 우주적인 힘과 일상 생활 사이에 끊임없는 상호작용이 있다고 생각한다. 전통적인 그리스도인들은 히브리 중심적인 성경을 믿고 있지만, 우리 안에 있는 헬라적 성향은 세속적인 것과 거룩한 것을 분리하고 싶어한다. 이렇게 할 때에 일은 '세속적인' 범주에 떨어지게 되고, 기독교적 사역은 '거룩한' 범주에 떨어지게 된다.

히브리인들은 사역뿐만 아니라 일을 하면서도 하나님께 영광을 돌린다. 흥미롭게도 예배라는 히브리 단어 '아보다'*Abodah*는 성경에서 또한 '일'로도 번역된다. 일이 예배의 한 형식이 된다는 개념을 상상해 보라.

유대적 현상

스티븐 실비거 Steven Silbiger가 그의 책 〈유대적 현상〉에서 다음과 같이 조명한 것을 곰곰이 생각해 보라.

"유대인들에게 있어서 부는 좋은 것이며, 얻으려고 애쓸 만큼 충분한 가치가 있고 훌륭한 목표이다. 따라서 일단 부를 얻은 후에 그것을 잃는 것은 큰 비극이라 할 수 있다. 유대교는 결코 가난을 어떤 덕목으로 여기지 않았다. 첫 유대인들은 가난하지 않았다. 유대인들의 아버지라 할 수 있는 아브라함과 이삭과 야곱은 가축들과 땅의 풍성한 것들로 축복을 받았다. 금욕과 자기 부인은 유대적 이상이 아니었다. 재정이 튼튼하면 영적 생활을 추구하는 것이 더 쉬워질 것이다."[27]

이것이 부에 대한 전통적인 기독교의 태도와 크게 다르다는 것은 말할 것도 없다. 일반적으로 그리스도의 몸은 중세의 수도원 운동 이후로 세대를 통해 내려온 악독한 가난의 영에 붙잡혀 있었다. 우리가 이러한 악한 영으로부터 자유로워질 때까지는 일과 부의 신성함을 이해할 수 없을 것이다.

그러면 어떻게 이 영으로부터 자유함을 얻을 수 있을까? 로마서 12장 2절은 우리의 생각(우리 개역 성경에는 마음으로 번역되어 있지만 영어 표기는 mind로서 오히려 생각으로 번역하는 것이 더 바른 것 같다: 역주)을 새롭게 함으로써 변화될 수 있다는 것을 분명하게 가르쳐 주고 있다. 우리는 다르게 생각해야 할 필요가 있다. 우리는 먼저 사고 체계를 헬라적 세계관으로부터 히브리적 세계관으로 전환해야 한다.

여기에 우리로 하여금 다르게 생각하도록 격려해 줄 수 있는 것들이 있다. 미국 인구의 2%밖에 차지하지 않는 유대 미국인들에 대한 이 놀라운 통계를 보라.

- 5만 달러가 넘는 가계 수입을 가진 유대인들의 비율은 비 유대인들의 비율에 비하면 두 배나 된다.
- 2만 달러가 되지 않는 가계 수입을 가진 유대인들의 비율은 비 유대인들의 비율에 비하면 반 정도밖에 되지 않는다.
- 미국에서 가장 부유한 400명들 중, 상위 40명의 45%가 유대인이다.[28]
- 미국의 수백만 장자들 중의 3분의 1이 유대인이다.
- 우수한 대학들의 교수들 중 20%가 유대인이다.
- 뉴욕과 워싱턴에 위치한 우수한 법률 회사에서 파트너로 일하는 자들의 40%가 유대인이다.
- 미국에서 노벨상을 받은 자들의 25%가 유대인이다.
- 미국의 감옥에 수감된 자들 중 유대인은 0.1%도 되지 않는다.

이러한 통계를 볼 때에, 우리는 자연스럽게 "어떻게 이럴 수 있지?"라는 질문을 하게 된다. 대답은 그들이 하나님과 같이 생각한다는 것이다. 다른 말로 해서, 유대인들은 히브리적 사고 구조를 가지고 있다. 그리스도인들의 대부분은 헬라 중심적인 수도원의 유산에 의해 눌려 있지만, 유대인들은 그렇지 않다.

지역 교회를 넘어서

사도들이 일터에서 어떻게 기능하는지를 이해하려면, 자기 백성들을 위한 하나님의 계획이 지역교회의 벽을 훨씬 넘어선다는 것을 깨달아야 한다.

헬라적 사고방식은 우리를 '사업을 위한 기름부으심'의 저자 에드 실보소가 교회 사역과 사업에 관하여 '네 개의 치명적인 불신앙'이라 부르는 함정에 빠지게 하였다.

1. 성직자와 평신도 사이에는 하나님께서 정하신 경계선이 있다.
2. 교회는 주로 성전이라 불리는 건물 안에서 기능해야 한다.
3. 사업을 하는 사람들은 전통적인 교회 사역을 하는 자들만큼 영적인 사람들이 될 수 없다.
4. 일터 속의 그리스도인들이 가지는 일차적인 역할은 '사역하는' 자들의 비전을 돕기 위해 돈을 버는 것이다.[29]

일터를 위한 하나님의 사랑에 관해 우리의 생각을 바꿀 때에야 비로소 이러한 전통적인 사고들로부터 점점 멀어지게 될 것이다.

하나님 나라

많은 그리스도인들이 굴복해 온 잘못된 성향들 중의 하나는 하나님 나라를 교회와 일치시키는 데에 있다. 그럼으로 인해 우리가 매우 허약해지게 되었다. 이 둘은 똑같지 않다. 하나님 나라는 교회를 포함하지만, 그것을 훨씬 넘어선다. 하나님 나라는 예수님을 왕으로 모시는 사람들이 있는 곳에는 어디에나 존재한다. 지역적이거나 정치적인 경계선이 없다는 말이다. 그렇기 때문에 예수님께서 누가복음 17장 21절에서 "하나님 나라가 너희 안에 있다"고 말씀하신 것이다.

하나님의 비전은 그 분의 나라가 이 땅에 임하며, 그 분의 뜻이 하늘에서 이루어진 것과 같이 이 땅에서도 이루어지는 것이다. 이 것은 주기도문 안에 들어 있는 기도이다. 예수님을 주님으로 모시는 사람들은 누구나 할 것 없이 하나님 나라를 확장하는 데 있어서 자기 역할을 하기로 기대되어진다. 하나님 나라를 확장하는 데 있어서 우리가 하는 일들의 일부는 교회 안에서 행해질 것이다. 하지만 많은 부분은 교회 밖에서, 즉 일터에서 행해질 것이다.

나는 '교회'라는 단어를 전통적인 의미에서 사용해 왔다. 즉,

일터 안에 존재하는 교회의 의미는 고려하지 않았다는 말이다. 이것 또한 헬라적 방식으로 인해 모든 것들을 구분하려는 성향에서 나온 또 하나의 치명적인 불신앙이다. 우리가 익숙해 있는 전통적인 형태로의 교회뿐만 아니라, 일터 안에 교회가 있다는 것을 이해하기 위해서는 우리의 사고가 조정되어야 한다. 그렇다고 해서 두 개의 교회가 있다는 것은 아니다. 예수 그리스도의 참된 교회는 오직 하나밖에 없다. 내가 말한 것은 독특한 두 가지 형태의 교회가 있다는 의미이다. 하나는 주일에 만나는 교회이며, 다른 하나는 다른 6일 동안 일터에 존재하는 교회이다.

교회=에클레시아

내가 두 가지 형태의 한 교회가 있다고 말한 근거는 교회에 대한 본래 성서적 단어인 에클레시아의 의미에 있다. 예수님은 1년 반 동안 제자들과 함께 있은 후에, "내가 내 교회[에클레시아]를 세울 것이다"라고 말씀하셨다(마 16:18). 그 당시에 에클레시아라는 단어는 로마 제국 사회에서 어떤 정치적인 색조를 띠고 있었다. 그러나 예수님은 그 단어에 수 세기 동안 지속될 새로운 의미를 주셨다. 이것은 그의 모든 백성들을 포함하는 단어였다. 그의 몸된 교회, 정치적인 의미는 전혀 들어 있지 않았다. 에클레시아라는 단어의 본질적인 의미는 '하나님의 백성들'이다. 그 이상도 그 이하도 아니다.

신약 성경을 보면 때로 에클레시아라는 단어가 '함께 모인 하나님의 백성들'이라는 의미로 사용된 것을 볼 수 있다. 하지만 이 단어는 또한 똑같은 횟수만큼이나 '흩어져 있는 하나님의 백성들'이라는 의미로 사용되었다. 현대적인 용어를 사용하면, 주일에 자기들이 속한 지역 교회에 함께 모인 하나님의 백성들이 참된 교회이다. 그리고 이들이 월요일에서 토요일까지 일터로 나간다 해도, 그들은 여전히 참된 교회임을 명심해야 한다.

내가 이 두 개의 다른 형태의 교회를 설명할 때에 즐겨 사용하는 용어는 일반 사회학적 용어인 '핵가족'과 '확대 가족'에서 빌려온 것이다. 핵가족은 같은 지붕 아래에 산다. 삼촌, 숙모, 조카, 조부모, 친척들을 포함하는 확대 가족은 가족 모임이 있을 때에 함께 모인다. 이들도 같은 가족이다. 형태가 다를 뿐이다.

확대 교회가 참된 교회의 한 형태라는 것을 깨닫고 나면, 흥미 있는 결과들이 발생한다. 그중에 하나가 교회의 구조와 관련되어 있다. 에베소서 2장 20절에 의하면, 교회의 토대는 사도들과 선지자들이다. 지금까지, 우리는 사도들과 선지자들을 핵 교회와 연결시켜왔다. 그러나 교회 구조가 여기에서 멈춘다고 생각할 만한 논리적인 이유가 없다. 사도들과 선지자들이 또한 확대 가족에 있으면 안 되는 이유가 있는가?

성서적인 교회의 구조를 논리적으로 바라보고, 일터의 사도들이 있다는 것에 동의하자.

문화적 차이

핵 교회 사도들과 일터의 사도들 사이에 유사점과 차이점이 있는가? 두 개의 다른 형태의 교회들이 서로 다른 문화를 가지고 있기 때문에 차이들이 존재한다. 이 둘 사이의 문화적 차이는 우리가 생각하는 것보다 훨씬 크다(나는 이러한 생각을 받아들이기 힘든 자들이 있을 것이라는 것을 알고 있다).

하지만 이것은 두 명의 사회 과학자들인 로라 내쉬Laura Nash와 스카티 맥레넌Scotty McLennan에 의해 확증되었다. 이들은 광범위한 조사 연구를 행한 후에 그 결과들을 〈주일에는 교회, 월요일에는 직장〉Church on Sunday, Work on Monday이라는 매우 중요한 책에 실어 출간했다. 그들은 '핵 교회'와 '확대 교회'라는 용어를 사용하지는 않았지만, '주일에 교회'는 핵 교회이고, '월요일에 직장'은 확대 교회로 보면 될 것이다.

예를 들어, 내쉬와 맥레넌은 "사업가들과 성직자들은 두 개의 다른 세상에 살고 있다. 이 두 그룹 사이에는 돈과 가난과 사업의 영에 관한 태도들이 심겨 있는 지뢰밭이 있다"[30]는 것을 발견했다. 이러한 큰 차이로 인해 문제들이 매우 심각해질 수도 있다.

"성직자들은 사업을 돈이나 이윤(지나친 부와 착취에 대한 완곡한 표현)에 집중하는 총체적인 개념으로 바라보는 경향이 있었다. 그들은 사업가들을 이기적이고 욕심이 많은 자들로 바라보았다. 그들은 사업의 최우선적인 관심(지나친 봉급, 소비 생활, 물질을 탐하는 야망, 임금의 차이)이 돈이라고 반복해서 말했다. 부의 축적은 우상숭배, 죄, 물질주의, 잘못된 가치 체계, 잘못된 우선순위, 이기심, 무엇보다 가난한 자들에 대한 불의와 연결되어 부정적인 것으로 여겨졌다."[31]

근본적인 문제들 중의 하나는 이러한 두 개의 문화들이 다른 어떤 인간의 문화들처럼 다른 규칙서들을 가지고 있다는 것이다. 확대 교회의 지도자들은 대개 양쪽 문화의 규칙서들을 모두 알고 있다. 그들은 월요일에서 토요일까지는 확대 교회의 규칙서를 따르고, 주일에 교회에서는 핵 교회의 규칙서를 따른다. 인류학적인 용어를 빌리자면 이들은 두 문화 속에 살고 있는 것이다. 하지만 대부분의 핵 교회 지도자들은 오직 한 개의 규칙서만을 알고 있다. 이들은 단일 문화에 살고 있다. 단일 문화에 살고 있는 사람들이 오직 자기들의 규칙서에 근거해 다른 사람들의 태도와 행동을 판단하게 되면 마찰이 생기게 되어 있다. 내쉬와 맥레넌의 책에서 인용한 것과 같이 강력한 반발이 일어날 수 있다.

우리가 두 가지 형태의 한 교회로서 앞으로 전진해 나가기 위해서는 양쪽 모두가 다른 쪽의 규칙서를 이해할 뿐만 아니라 긍정해 주어야 한다. 물론 이렇게 하는 데에는 시간이 걸릴 것이다. 나의 책 〈일터 교회〉*The Church in the Workplace*가 올바른 방향으로 나아가도록 안내해 줄 수 있을 것이다. 이 책의 2부에는 확대 교회보다는 핵 교회에서 전형적으로 다른 해석을 하고 있는 여덟 개의 규칙들이 기록되어 있다. 여덟 개의 규칙들에는 일터의 사역자들, 일터의 사도들, 영향력과 권위, 시간 경영, 청지기 직분, 교회의 새로운 형태들, 수단과 목적, 힘든 소명이 포함되어 있다.

크리스천 사역

때로 '풀타임 크리스천 섬김'이라 불리는 크리스천 사역의 개념을 예를 들어보자. 내가 사역을 하는 대부분의 시간 동안에 받아 들였던 일반적인 생각은 모든 사역은 핵 교회와 연결된 프로그램들이나 활동들과 관련해 행해야 한다는 것이었다. 사람들은 종종 "주님께서 직장을 버리고 사역을 하도록 부르셨습니다"라고 말하곤 한다. 이것은 핵 교회의 규칙서에 근거한 사고방식을 반영해 준다.

반면에, 확대 교회의 규칙서는 일 또한 진정한 사역으로 간주한다. 이러한 견해는 '사역'으로 번역되는 성서적 단어 디아코니아diakonia에 기초한 것이다. 신약 성경에서 디아코니아라는 단어는 반 정도는 '사역'ministry으로 번역되고, 또 다른 반은 '섬김'service으로 번역된다. 이것은 직장에서 사람들을 섬기는 사람들 또한 사역을 하고 있다는 말과 같다. 비행기 조종사는 승객들에게 사역을 하고 있다. 식당의 종업원들은 손님들에게 사역을 하고 있다. 간호사들은 환자들에게 사역을 하고 있다. 정원사들은 집 주인들에게 사역을 하고 있다. 최고 경영자CEO들은 주주들에게 사역을 하고 있다.

이것은 봉사ministry의 일을 위해 성도들을 준비시킨다(엡 4:12 참조)는 개념을 크게 확대시킨다. 누가 이러한 일을 하도록 기대되는가? 에베소서 4장 11절에 의하면, 사도들, 선지자들, 복음 전하는 자들, 목사들, 교사들이다. 하지만 전형적인 핵 교회의 지도자들이 일터에서의 사역을 위해 성도들을 얼마나 준비시킬 수 있겠는가? 잘 준비시키지 못할 것이다. 그들 스스로가 이렇게 준비시키는 일에 훈련을 받지 못했기 때문이다.

일터의 사도들은 일터에서의 질서를 확립하고, 확대 교회 규칙서의 규칙들에 따라 성도들을 준비시킬 수 있는 능력을 지닌 자들이다.

일터의 사도였던 누가

내가 일터의 지도자들에게 말씀을 전하도록 초청받았던 2001년으로 돌아가 보자. 하나님께서 나를 일터 사역에 입문하는 길로 인도하셨고, 나는 이 사역에 대해 깊이 생각하면서 일터 사도들의 가능성에 대해 호기심을 갖기 시작했다. 내가 던진 첫 번째 질문들 중의 하나는 이러한 것이 성서적인가 하는 것이었다. 내가 바울을 핵 교회 사도의 원형으로 바라보는 데에는 전혀 문제가 없었다. 따라서 성서적인 일터의 사도를 찾기 시작했다. 그 때 나는 사도행전에 대한 주석 작업을 끝마친 상태에 있었기 때문에 누가가 머릿속에 떠올랐다. 사도행전을 깊이 보면 볼수록, 나는 루디아뿐만 아니라 누가가 일터 사도의 성서적 원형이라는 것에 더욱 확신을 갖게 되었다.

누가와 루디아는 일터에서 저명한 사람들이었다. 누가는 의사였고, 루디아는 수출입을 하는 사업가였다(그녀가 '자주 장사'였다는 사실로 보아 알 수 있다). 이 두 사람은 또한 하나님을 경외하는 이방인들이었다. 모든 정황을 살펴 볼 때에 이들은 부유했다. 확대 교회에서는 부가 권위의 중요한 출처이다. 빌립보에 개척된 많은 가정 교회들 중의 하나는 분명히 루디아의 집에서 모였을 것이다. 십중팔구는 누가와 루디아가 마케도니아 전 지역에 있는 교회들을 위한 사도적 리더들이었을 것이다.

바울의 진정한 동역자

누가와 루디아는 교회의 지도자였을 뿐만 아니라, 또한 바울과 연락하면서 그의 사역을 돕는 자들이었다. 빌립보서는 본래 그들이 보낸 돈에 대해 감사하는 편지이다.

바울은 이 편지를 그의 '참된 동역자' 혹은 '참으로 나와 멍에를 같이 한 자'(빌 4:3)에게 보냈으며, 대부분의 주석가들은 이 사람을 누가라고 생각한다. 바울은 다음과 같이 썼다. "빌립보 사람들아 너희도 알거니와 복음의 시초에 내가 마게도냐를 떠날 때에 주고 받는 내 일에 참예한 교회가 너희 외에 아무도 없었느니라"(빌 4:15).

오도된 많은 생각들과는 달리, 일터 사도들의 역할은 사역을 하는 자들에게 돈을 기부하는 데에서 끝나지 않는다. 누가가 훌륭한 모델이다. 그는 그가 세울 수 있도록 도운 빌립보 교회의 지도자였을 뿐만 아니라, 바울과 함께 선교여행의 동역자로서 광범위한 여행을 했다. 그는 바울과 함께 빌립보에 갔다(행 16:10-18). 또한 빌립보에서 드로아와 밀레도에 갔다(행 20:5-21). 예루살렘으로부터 로마에 가기도 했다(행 27:1-28:16). 그는 감옥에 갇힌 바울을 두 번 찾아갔다(골 4:14 / 딤후 4:9-11).

누가의 사도적 자격을 가장 잘 보여 주는 것은 성령에 이끌림을 받아 신약 성경의 25%를 쓴 것이다. 신약 성경에서, 우리는 일터의 사도들이 영적으로 열등하다는 것을 전혀 찾아볼 수 없다. 일터 사도의 원형인 누가가 핵 교회 사도의 원형인 바울과 같은 양의 신약 성서를 썼다는 사실은 매우 주목할 만하다.

일터 사도들의 특징들

영적 수준으로 볼 때에 일터의 사도들과 핵 교회의 사도들은 차이가 없다. 특별한 수준의 인격과 관련해 한 그룹의 사도들에게 요구되는 것은 다른 그룹의 사도들에게 요구되는 것만큼이나 높다. 대부분의 정상적인 사도 사역은 영적으로 그리고 인격적으로 높은 수준에서 행해진다. 하지만 일터 사도들이 다른 규칙서를 가지고 사역을 하기 때문에, 그들에게 다른 특징들이 있을 것이라는 것은 자명한 사실이다.

● **존경심** 핵 교회 사도들 사이에서의 영향력은 주로 관계로부터 흘러나온다. 반면에 확대 교회 사도들에게 있어서는 영향력이 주로 존경심으로부터 흘러나온다. 핵 교회에서는 존중하는 마음이 관계를 통해 형성된다. 하나님과의 관계, 다른 성도들과의 관계, 동료들과의 관계. 하지만 일터에서는 존중하는 마음이 있을 때에 관계가 이루어진다. 일터의 사도들은 동료들로부터 존중하는 마음을 얻을 때, 그리고 그들의 삶이 그들이 일하는 분야에서 뛰어나다는 것을 실증해 보일 때에 사람들에 의해 권위를 인정받게 된다.

● **돈** 돈은 일터에서 존경심을 일으키는 중요한 요소들 중의 하나이다. 재정적 자원의 증가는 신뢰감을 형성해 주고, 핵 교회에서보다는 일터에서 더욱 권위를 부여해 준다. 부를 축적하는 것이 그 자체로 목적이 되어서는 안 되지만, 그럼에도 이것은 하나님 나라를 확장하는 데 있어서 유용한 도구이다. 이것에 대해 리치 마셜

Rich Marshall은 다음과 같이 표현했다. "우리는 권위에 대해 전통적인 해석 밖에서 생각하기 시작해야 한다. 즉, 누가 권위를 행사할 수 있는가에 관한 것뿐만 아니라, 권위를 따르는 도구들에 대해서도 생각해야 한다. 예를 들어, 돈을 생각해 보라. 수년 동안, 돈은 '부정이득'이라는 이미지를 지녀 왔다(특히 교회에서). 그러나 돈은 하나님께서 사업가들에게 그들의 도시에서 권위를 얻게 하시기 위해 주시는 도구이다. 그러면 이들은 하나님께서 주신 돈을 가지고 그들의 사회를 유익하게 해 줄 임무를 수행하게 된다."[32] 재정적으로 독립적인 일터의 사도들은 다른 사람들을 의존해야 하는 자들보다 큰 이점을 가지고 있다.

● **모험하는 자들** 일터에서 사도적 권위로 나아가는 길은 지뢰밭과 같다. 일터의 사도들은 주목할 만한 성공들을 이루지만, 그 과정 속에서 이들은 힘겨운 모험을 하는 데에 익숙해 있다. 대부분의 일터 사도들이 많은 돈을 잃는 경험을 했다. 많은 사도들이 어떻게 그렇게 큰 액수의 돈을 잃게 되었는지에 관한 이야기를 할 수 있다. 그러나 이러한 경험들은 그들을 단념시키지 못한다. 그들은 그러한 아픈 경험들을 배움의 기회로 삼는다. 그들은 넘어지는 경험을 할 때마다 두 발자국씩 앞으로 전진한다. 그들은 더 많은 모험을 할 준비가 되어 있다. 하나님의 은혜로 말미암아 그들은 아무도 두려워하지 않는다. 그들은 뒤로 물러나지 않는다.

● **르네상스적 인물** '르네상스적 인물'이 또한 일터에서 존경받고 있다. 이들은 광범위한 관심사들을 지니고 있으며, 그러한 모든 영역들에서 뛰어난 자들이다. 이들은 많은 다른 분야들에서 기술과 경험들을 축적해 왔다. 이들은 물이 부족할 때에 가서 길어 올 수 있는 저수지와 같아서, 문제들을 해결하기 위한 방법들을 지니고 있다. 이러한 능력이 그들에게 권위를 가져다 준다.

● **법적인 문제들을 잘 해결해 나감** 일터의 사도들은 법적으로 얽힌 것들을 잘 해결해 나가는 직감을 지니고 있다. 세속적인 말로 하자면, 이들은 술책을 사용할 줄 아는 자들이다. 이들은 법과 관련된 것들이 하나님께서 행하시는 일들에 불필요한 쟁애물이 되는 것을 용인하지 않는다. 그들은 수년 동안 상호 신뢰에 기초해 조심스럽게 세워진 여러 관계들을 이용해 관료 형식주의를 간소화시키는 방법을 알고 있다. 그들은 다음과 같은 슬로건을 가지고 있다. 당신이 무엇을 아는지보다, 당신이 누구를 아는지가 중요하다It's not what you know, it's who you know.

● **영향력의 위치** 권위는 또한 일터에서 자기가 얻은 특별한 영향력을 통해 주어진다. 문화의 틀을 만드는 7가지 요소들은 다음과 같다. 가족, 종교, 정부, 예술, 미디어, 사업, 교육. 이들 각각은 또한 수많은 부분들로 세분화될 수 있으며, 영향력을 어떻게 얻

을 수 있는지에 대한 특정한 규칙서를 가지고 있다. 일터의 사도들은 그들의 영역(들)을 알며, 또한 그 안에서 영향력의 자리에 오르게 될 것이다. 그들이 영향력을 사용하는 명백한 동기는 하나님께 영광을 돌리는 것이다.

● **하나님 나라의 사고방식** 일터에서 재정적인 성공을 거두는 기독교 지도자들 모두가 사도인 것은 아니다. 하지만 사도들은 하나님 나라의 사고방식을 가지고 살아갈 것이다. 그들은 하나님 나라의 가치들이 모든 영역에서 사회에 흡수되는 것을 보고자 하는 강한 열정을 가지고 살아간다. 그들은 다른 사도들에게 기대되는 특징들을 지니고 있다. 이들은 일터에 위치한 '교회'의 질서를 바로 세우는 일뿐만 아니라, 도시나 나라의 변화를 일으키는 일에 적극적으로 가담하고 있다.

제9장

사회의 변화를 위한 사도들

Apostles for Social Transformation

우리의 목표: 사회적 변화

1980년대에 은사주의적 성향을 지닌 대부분의 복음주의자들은 지상명령의 성취가 주로 구원받은 사람 수와 증가하는 교회 수에 의해 측정될 것이라 생각했다.

1990년대에 이러한 생각에 변화가 일어나기 시작했다. 하나님 나라가 지역 교회들의 건물 안에 제한되지 않는다는 생각이 기독교 지도자들 사이에서 강하게 부상하기 시작했다. 우리는 "주의 나라가 임하옵시며, 하나님의 뜻이 하늘에서 이룬 것같이 땅에서도 이루어지기를 원합니다"라는 기도를 과거보다 훨씬 더 진지하게 드리기 시작했다. 우리는 하나님께서 잃어버린 영혼들을 구원해 그들을 교회로 인도하고 싶어 하실 뿐만 아니라, 또한 우리가 살고 있는 세상을 변화시키고 싶어 하신다는 것을 믿게 되었다.

우리들 중 어떤 이들은 '도시를 취하기'city taking, '도시를 향한 발돋움'City reaching, '문화 변혁'changing culture에 대해 이야기하기 시작했다. 그러다가 점진적으로 '사회적 변화'가 지상 명령이라는 우리의 목표를 가장 만족스럽게 표현해 주는 방법처럼 보이게 되었다. 조지 오티스 주니어George Otis Jr.의 센티널 그룹 Sentinel Group에 의해 제작된 〈변화〉Transformation라는 제목의 비디오가 우리의 생각을 더 첨예하게 해주었다. '사회적 변화'는 다른 모든 용어들을 포함하는 매우 넓은 개념이다. 여기에는 영적 변화(교회의 성장과 국민의 도덕성도 포함됨), 경제적 변화, 교육의 변화, 가족의 변화, 미디어와 예술의 변화, 정부의 변화가 모두 포함된다. 이것은 또한 이웃과 도시들과 지역들과 나라들에 적용될 수 있다.

모든 단위들 중에서 가장 다루기 쉬운 것이 도시인 것 같다. 따라서 이 장에서는 도시의 변화에 초점을 맞추려 한다.

우리의 전제: 지역적 사도들

이 책의 주 목적은 성경의 시대와 같이 오늘날에도 사도의 은사와 직분을 받은 자들이 있다는 것을 확증해 주는 것이다. 이것은 다른 모든 것들 중에서도 그들에게 특별한 수준의 영적 권위가 주어졌다는 것을 의미한다. 하지만 이 권위는 하나님께서 사도에게 지정하신 영역(들)안에서만 사용되어야 하고, 그 때에 하나님의 기름 부으심이 임하게 된다.

이것을 강조하는 이유는 사도의 영역들을 잘 이해하는 것이 매우 중요하기 때문이다. 사도들은 자기들의 지역 안에서 그리스도의 몸을 섬긴다. 따라서 우리 사이에 지역적 사도들이 있다고 추측하는 것은 전혀 무리가 되지 않는다. 지역에 따른 영역들의 성서적 실례들을 몇 가지 들어 보겠다.

1. 바울

바울은 스스로를 온 세상이나 그리스도의 몸 전체의 사도로 여기지 않았다. 그는 이것을 고린도 교인들에게 분명히 밝혔다.

"그러나 우리는 분량 밖의 자랑(고후 10:8 이전 몇 구절에서 언급된 사도적 권위에 대한 자랑을 일컫는다)을 하지 않고 오직 하나님이 우리에게 분량으로 나눠 주신 그 분량의 한계를 따라 하노니 곧 너희에게까지 이른 것이라"(고후 10:13).

고린도는 아가야라는 로마의 관할구역에 속하는 한 도시였다. 또한 바울의 사도적 권위의 영역에 속했던 다른 지역들에는 마케도니아, 아시아, 갈라디아가 포함되어 있었다. 하지만 바울의 사도적 권위는 알렉산드리아나 예루살렘 혹은 로마나 이미 교회가 세워졌던 다른 도시들이나 지역들에는 미치지 못했다. 이러한 지역들은 그의 사도적 영역이 아니었다는 말이다.

2. 디도

바울의 사도 팀의 한 구성원이었던 디도는 그레데라는 지역 안에서 사도의 역할을 감당했다. 바울은 그에게 다음과 같이 썼다.

"내가 너를 그레데에 떨어뜨려 둔 이유는 부족한 일을 바로잡고 나의 명한 대로 각 성에 장로들을 세우게 하려 함이니"(딛 1:5).

디도는 또한 다른 지역적 영역들을 가지고 있었을 것이다. 그의 이름이 고린도와 연결해 자주 언급되었다. 바울은 분쟁 해결자로서 디도를 그 곳에 파송했으며, 빌립보에서 고린도 교회 성도들에게 다음과 같이 편지를 써 보냈다. "그러나 비천한 자들을 위로하시는 하나님이 디도의 옴으로 우리를 위로하셨으니"(고후 7:6). 바울이 위로를 받았다는 말을 통해, 우리는 디도가 고린도에서 어떤 열매 있는 사도적 역할을 감당했다는 것을 짐작할 수 있다.

또한 바울의 마지막 서신에서 디도의 지역적 영역들 중의 다른 하나가 달마디아였을 것이라는 강한 힌트를 발견할 수 있다 (딤후 4:9).

3. 베드로

베드로는 베드로 전서를 쓸 때에 여러 지역들을 열거하는데, 그 지역들은 분명히 베드로의 주요한 지역적 영역들이었을 것이다. "예수 그리스도의 사도 베드로는 본도, 갈라디아, 갑바도기아, 아시아와 비두니아에 흩어진 나그네"(벧전 1:1).

문화적 영역들

베드로 전서 1장 1절에서 베드로가 바울의 영역이었던 아가야 혹은 마케도니아를 언급하지 않고 있음에 주목하라. 하지만, 그는 바울의 영역이었던 갈라디아와 아시아를 언급한다. 이것으로 인해 우리는 지역적 영역들 안에 또한 문화적 영역들이 있을 수 있다는 것을 추측할 수 있다. 베드로의 인사말을 보자. "흩어진 나그네들에게."

이것을 통해 그의 편지가 이방인들을 향한 것이 아니라, 그가 언급한 다섯 개 지역들에 살고 있는 디아스포라 유대인들을 위한 것임을 알 수 있다. 할례받지 못한 자들의 사도였던 바울은 갈라디아와 아시아에 살고 있던 이방인들에게 보내졌다. 할례받은 자들의 사도였던 베드로는 같은 지역들에 살고 있는 유대인들에게 보내졌다.

도시의 변화

이것을 염두에 두면서, 도시의 변화를 향한 우리의 노력과 관련해 미국 전역에서 일어나고 있는 상황들을 살펴보자.

도시의 변화에 대한 광범위한 관심은 존 도슨의 베스트 셀러 〈우리의 도시들을 취하여 하나님께 드리자〉Taking Our Cities for God라는 책의 출판과 함께 1990년에 시작되었다. 1990년대에 미국의 거의 모든 주요한 도시들이 이런 저런 종류의 도시 변화 프로젝트를 시작했다.

미국에서 가장 훌륭한 기독교 리더들 중 몇 사람이 선봉에 서기도 했다. 프랜시스 프랜지팬, 에드 실보소, 조지 오티스 주니어, 잭 데니슨, 잭 헤이포드, 프랭크 다마지오를 비롯한 훌륭한 작가들이 좋은 책들을 출간하면서 이 프로젝트의 방향을 잡아주는 데 일조했다. 폴 세더Paul Cedar의 지도력 하에 미션 아메리카Mission America라는 단체가 도시 변화를 향한 전국적인 프로젝트를 개시했다.

많은 사람들에게는 1990년대에 "주의 나라가 임하옵시며"라는 우리의 기도에 대한 실제적인 응답이 여러 도시들에서 나타날 것처럼 보였다. 그러나 그러한 일은 일어나지 않았다. 15년 이상 동안 매우 열심히 노력했음에도 불구하고 우리의 적극적이고 전략적인 계획의 결과로 인해 변화된 도시나, 심지어 더 작은 규모의 공동체는 존재하지 않는 것처럼 보인다. 그 결과 우리는 일종의 피로(변화를 일으키려는 노력에 따른 후유증)를 경험하고 있으며, 어떤 지도자들은 절망 속에서 포기를 선언하고 있다.

인내하는 지도부

사회 변화에 대한 최고의 연구가는 조지 오티스 주니어이며, 그의 보고들을 전달해 주는 가장 중요한 통로는 다큐멘터리 비디오들이다. 〈변화〉*Transformation*라는 제목의 첫 비디오는 세상의 많은 부분들에서 사회를 변화시키기 위한 강력한 운동들을 유발시켜 주었다. 그 비디오에서, 그는 다양한 단계의 변화를 경험하고 있는 네 도시들에 대해 보고한다. 그 도시들 중의 하나인 과테말라의 알몰롱가Almolonga에는 완전히 '변화된'transformed이라는 등급이 매겨질 수 있을 것이다. 나는 심지어 이러한 일에 관심이 없는 사회학자들도 여기에 동의할 것이라 생각한다.

조지 오티스는 깊은 단계의 변화를 경험하고 있는 도시들에서 다섯 가지의 공통점을 발견했다: (1)인내하는 지도부persevering leadership, (2)열정적이고 연합된 기도fervent, united prayer, (3)사회적 조화social reconciliation, (4)공공 권력의 조우public power encounters, (5)원인 분석을 위한 조사(영적 지도 작성(spiritual mapping)). 처음의 두 가지는 연구의 대상이었던 모든 도시들에서 볼 수 있었고, 나머지 세 가지는 90%의 도시에서 볼 수 있었다.

나는 지역적 사도들이 성공적이고 적극적인 사회 변화를 위해 꼭 필요한 첫 번째 공통점인 인내하는 지도부에 초점을 맞추려 한다.

신학적 나침반 바늘

1990년대에 진척되고 광범위하게 일어난 도시의 변화를 위한 노력은 내가 세 개의 신학적 나침반 바늘이라 부르는 것을 드러내 주었다. 이 세 가지는 우리의 도시들을 위한 전략들을 어떻게 발전시킬 수 있을지에 대한 개념을 형성해 주는 데 도움이 된다. 그 세 가지 각각에 '하지만'으로 시작하는 중요한 부분이 있음에 주목하라.

- 그리스도의 몸의 연합이 사회 변화를 위한 선제조건이다. 하지만, 우리는 도움이 되지 않는 연합이 있음도 발견했다. 기능적 연합이 있을 수도 있지만, 역기능적인 연합이 있을 수도 있다(이것은 후에 다시 다룰 것이다).

- 도시나 지역 교회는 영적으로 다양한 회중들을 가진 한 교회이다. 하지만, 도시 교회라는 개념이 잘못 적용되면 엉뚱하게 인류평등주의를 촉진시킬 수 있다(이것에 대해서도 후에 좀더 다룰 것이다).

- 교회의 토대는 사도들과 선지자들이다(엡 2:20) 하지만, 이것은 두 개의 독특한 사도적 역할을 통해 도시 변화에 적용된다.

핵 교회의 사도들과 확대 교회 혹은 일터 교회의 사도들.

문지기들은 목사가 아니라 사도들이다

도시 변화는 인내하는 지도부에 따라 흥하기도 하고 쇠하기도 할 것이다. 이 중요한 구절은 나의 친구들인 존 맥스웰과 조지 오티스 주니어의 용어를 결합한 것이다. 우리가 다른 것들을 모두 갖추었다 할지라도, 하나님께서 기름 부으신 지도부가 연약하면 우리의 노력이 용두사미로 끝나게 될 것이다.

이것이 사실이라면, 다음에 이어지는 중요한 질문은 누가 하나님께서 기름 부으신 지도자들 혹은 도시의 영적 문지기들인가? 하는 것이다. 1990년대에, 우리는 이 질문에 그릇된 해답을 가졌던 것 같다. 그 때에 우리는 지역 교회의 목사들이 도시의 영적 문지기들이라고 가정했다. 심지어 나는 이 의심스러운 사고를 당시에 내가 쓴 책들의 일부에 싣기도 했다.

1990년대에 많은 사람들이 이러한 결론에 동의한 한 가지 이유는 사도들에 대해 잘 몰랐기 때문이다. 그 때는 우리가 사도들에 대해 막 배우기 시작했을 뿐이었다. 우리는 도시 교회가 있다는 것은 잘 알고 있었지만, 하나님께서 교회에 주신 토대가 사도들과 선지자들이라는 것(엡 2:20)을 이해할 만큼 충분히 성숙하지는 않았다. 그 때에는 또한 교회의 구조적 질서도 분명히 알지 못하고 있었다. "첫째는 사도요, 둘째는 선지자요, 셋째는 교사요"(고전 12:28). 우리는 거꾸로 생각하고 있었다. 주일에 설교를 하는 대부분의 목사들은 또한 교사로서 기능하기 때문에 첫 번째가 아니라 세 번째 범주에 속한다고 보는 게 맞을 것이다. 고린도 전서 12장 28절은 도시의 참된 영적 문지기들이 목사(혹은 교사)가 아니라 사도들이라는 것을 보여 주고 있다.

여러 종류의 사도들 가운데, 도시 변화를 위해 필요한 인내하는 지도력을 제공해 주는 것은 지역적 사도들이다.

목회적 접근의 약점들

목사들이 도시의 영적 문지기들이라는 가정은 비 성서적이다. 뿐만 아니라, 이 개념이 실제로 실효를 거두지 못해 왔음을 깨닫게 된다. 1990년대에 우리가 경험한 실망스러운 일들은 목회적 접근의 실제적인 약점들을 드러내 주었다.

1. 도시 교회라는 개념을 잘못 적용함. 우리가 도시 교회가 다양한 회중들을 지닌 한 교회라는 것에 동의하기 시작했을 때에, 모든 지역 교회 목사들이 도시 교회의 '협력 목사들'이라고 가정하는 심각한 실수를 범하게 되었다.

따라서 비효율적인 목사들(슬픈 일이지만 이러한 목사들이 많다는 것을 발견했다) 또한 일들을 훌륭하게 해내는 효율적인 목사들과 동일한 권리를 갖게 되었다. 즉, 무엇을 해야 하며, 또 그것을 언제 해야 하는지에 대해 모든 목사들이 동일한 수준의 목소리를 높일 수 있었다는 말이다.

그 결과 도시 교회의 가장 강력한 지도자들의 지도력을 무력화시키는 일이 벌어졌다.

2. 빌리 그레이엄 위원회 모델. 40년 이상 동안, 도시를 연결하고 교회를 연결하는 참된 프로젝트를 성취하는 데 있어서 가장 효과적인 모델은 빌리 그레이엄 위원회였다. 두 가지 이유 때문이었다. 강력한 지도력과, 일치된 비전이 바로 그것이었다.

하지만, 그러한 프로젝트를 위한 최고의 리더십과 비전은 그 도시에 거하지 않는, 즉 그 도시 밖에 위치해 있던 지도자(들)에 의해 제공되었다. 도시의 목사들은 기본적으로 지도자로서 기능한 것이 아니라, 그들의 도시에 와서 일주일 정도 집회를 인도할 지도자를 지지해 주는 기능을 했다. 이것은 한 차례의 행사를 위해서 아주 효과적이었다. 하지만 장기간의 도시 변화를 일으키지는 못했다. 도시의 변화를 일으키기 위해서는, 바깥 지도력으로부터 내부의 지도력으로, 행사 중심에서 과정 중심으로, 행정적이고 외교적인 지도자들로부터 좀더 적극적이고 위험을 감수하는 지도자들로의 변화가 필요하다.

3. 목사들의 기도모임. 여러 도시들에서, 도시 변화의 과정을 시작하기 위한 가장 그럴듯한 방법들 중의 하나는 목사들의 기도모임인 것 같았다(오리건 주 포틀랜드의 조 알드리치에 의해 시작됨). 이것의 전제는 도시의 목사들이 함께 모여 기도한다면, 하나님께서 응답하셔서 도시 변화를 일으키실 것이라는 것이었다. 이렇게 훌륭한 의도를 지닌 소망은 두 가지 이유로 인해 이루어지지 않았다.

(1) 어느 누구도 이 모임에 와서 도시 변화와 같은 안건들을 발표하는 것이 허락되지 않았다.

(2) 이 모임의 초점은 기도와 관계였지, 일이나 임무에 관한 것이 아니었다. 그 결과 우리는 여러 도시들에서 전례 없이 많은 연합 기도가 드려지고 있음을 보았고 지금도 보고 있다. 하지만 여기에는 일치된 비전이 빠져 있다. 일치된 비전 없이는 사회 변화가 있을 수 없다.

기능적 연합과 역기능적 연합

그리스도의 몸이 연합되는 것이 도시 변화를 위한 선제조건이라는 것에 동의하지 않는 사람은 없을 것이다. 하지만 이 연합이 어떤 종류 혹은 형태를 갖추어야 하는지에 대해 모든 사람들이 동의하는 것은 아니다.

나는 현재 두 종류의 연합 사이에 중요한 차이가 있음을 보고 있다—1990년대에는 내가 보지 못했던 것들이다.

1. 목회적 연합 목회적 연합의 특징은 자비에 기초하며, 관계적이고, 정치적으로 올바르며, 정중하고 평화적이다.

2. 사도적 연합 사도적 연합의 특징은 임무 중심적이고, 비전 중심적이고, 공격적이며, 전투적이고, 종종 다른 사람들과 마찰을 일으키기도 한다.

이 둘 사이의 주된 차이 중 하나는 목회적 연합에서는 연합 그 자체가 목적이지만(거의 필연적으로 그렇다), 사도적 연합에서의 연합은 더 높은 목적을 향한 하나의 수단이라는 것이다.

사도들은 익숙지 않은 사회와, 인종, 교단, 문화, 교회 크기를 극복해 개인적 관계를 세우고자 하는 목사들의 필요는 인정하지만, 이것이 사회 변화를 위한 선제 조건으로 여겨서는 안 된다는 것을 인식할 것이다. 사도들은 또한 온 도시를 변화시키기 위한 과정에 교회의 모든 지도자들이 필요하지 않으며, 많은 경우에 있어서 소수의 지도자들만으로도 충분하다는 것을 알고 있다.

즉 도시를 변화시키기 위해 대다수의 목사들이 필요한 것은 아니라는 것이다.

사도적 연합

목회적 연합을 중요시 여기는 자들도 그들을 지지해 주는 성경 구절들을 발견하겠지만, 사도들은 요한복음 17장 21절에 나오는 예수님의 기도와 같은 본문들에 초점을 맞출 것이다. "아버지께서 내 안에 내가 아버지 안에 있는 것같이 저희도 다 하나가 되어 우리 안에 있게 하사 세상으로 아버지께서 나를 보내신 것을 믿게 하옵소서."

우리는 이 본문이 말하는 연합이 목적 그 자체가 아니라는 것을 알 수 있다. 목적은 세상에 복음을 전하는 것이다. 세상을 복음화시키는 일에 도움을 줄 수 있는 연합이 예수님께서 원하시고 기도하셨던 연합이다. 예수님께서 하신 또 다른 말씀을 보자. "내가 세상에 화평을 주러 온 줄로 생각지 말라 화평이 아니요 검을 주러 왔노라"(마 10:34).

이 개념은 교회 역사 속에서 꽤 일관성 있게 실천된 것처럼 보인다. 역사 속에서 일어난 주요한 하나님의 운동들은 일반적으로 볼 때에 그리스도의 몸에 연합을 이루어내지 못했다. 오히려 심각한 분열을 촉진시켰다. 예를 들어 마틴 루터의 종교개혁, 존 웨슬리의 감리교 운동, 존 녹스의 장로교 운동, 윌리엄 부쓰의 구세군, 혹은 온 세계에 오순절 운동을 일으킨 아주사 거리의 부흥과 같은 것들을 보자. 이러한 모든 운동들은 매우 강력했으며, 사도적 성격을 띤 운동들이었지만, 전체적으로 볼 때에 그리스도의 몸 안에는 상당한 분열을 촉진시켰다.

조지 오티스가 연구한 대로 높은 수준의 변화를 통과한 도시들을 살펴보자. 일반적으로 이러한 도시들은 그들 지역 안에 있는 교회들을 성공적으로 연합시킨 후에 변화의 과정을 시작한 것이 아니다. 물론 그러한 도시들도 있었지만 그것은 예외적인 것이지 일반적인 현상이 아니었다. 그러한 도시들에서 인내하는 지도자들은 종종 그들 도시 안에 분열을 유발시켰다—사도적 지도자들의 성향이라 할 수 있다.

비록 하나님께서 시작하신 이러한 운동들이 연합으로 시작하지는 않았지만, 이러한 운동들의 최종적인 결론들 중의 하나는 연합이었다. 하지만, 이 연합은 전형적 형태의 목회적 연합이 아니었으며, 오히려 대개는 새 부대로 발전되었다. 따라서 옛 부대 안에 남아 있기를 고집한 많은 사람들은 깜짝 놀랄 수밖에 없었다.

목회적 연합을 위해 치러야 할 보이지 않는 대가

목회적 사고 방식을 지닌 자들은 다음과 같은 성경 구절 속에서 위로를 받는다. "형제가 연합하여 동거함이 어찌 그리 선하고 아름다운지요"(시 133:1). 그들은 함께 만나고, 함께 먹고, 함께 기도하고, 함께 서로의 죄를 고백하며, 서로의 교회에 가서 설교하기를 좋아하며, 또한 서로를 사랑하고자 한다. 이러한 관계들은 점진적으로 쉐카이나 영광의 빛을 비출 수 있는 성령의 열매처럼 보일 수 있다. 그리고 그러한 일이 일어나면, 함께 모이는 일은 어떠한 대가를 지불해서라도 지속되어야만 하는 중요한 어떤 것이 될 수 있다. 따라서 목회적 연합은 쉽사리 목적 자체가 된다.

하지만, 이러한 형태의 목회적 모임을 지속하기 위해 치러야 할 대가들 중의 하나는 분열을 일으킬 가능성이 있는 것들은 피해야 한다는 것이다. 이러한 이유 때문에 그룹을 함께 묶어 주는 요소들은 최소의 공통분모들로 축소돼야 한다. 따라서 미국 내 전통적인 백인들로서 중산층에 속하고 공화당을 지지하며 교단을 중요시 여기는 복음주의자들로 구성된 목사들의 그룹들을 쉽게 찾아볼 수 있다. 이들은 자기들이 온 도시를 대표한다고 생각하는 경향이 있지만, 실제는 그렇지 못하다. 그들의 리더십은 전형적으로 합의를 이루어 나가며, 유지 maintenance를 중요시 하는 특징을 지니고 있다. 이러한 지도자들의 중요한 의무는 가능한 한 가장 고무적이고 쉬운 방식으로 현 상태를 보존하는 것이다.

보이지 않는 분열의 벽

하지만 아이러니한 것이 있다. 조지 오티스의 말을 빌리자면, "정중함이 신념 혹은 확신보다 한 수 위이다"라고 믿는 도시 지도자들은 자기도 모르게 분열을 유발시킬 수 있다. 이러한 지도자들은 자기 도시들 안에 있는 가장 창조적이고 영향력 있는 기독교 지도자들의 적극적인 참여를 이끌어내지 못한다. 어떤 자들은 죄책감이나 종교적 의무 혹은 지역 교회의 연합을 위한 갈망 때문에 모임에 참여하기도 한다. 그러나 그들은 점진적으로 모임에서 멀어져 간다. 쫓겨나는 것이 아니라, 그들 스스로가 모임을 멀리하는 것이다. 그들은 계속해서 돌아오라는 초대를 받지만, 시간이 없다고 말하면서 가지 않는다(미국에서 어떤 전문직에 종사하는 자들도 목사들만큼 임의로 개인적인 시간을 낼 수 있는 자들이 많지 않다는 사실에도 불구하고 말이다). 정말 이슈가 되는 것은 시간이 아니라, 우선순위에 관한 것이다.

범도시적 목회자들의 모임을 별로 중요시 여기지 않으면서 그러한 모임들에 잘 참여하지 않으려는 자들은 정확히 누구인가? 모임에 참여하는 것보다 더 높은 우선순위를 가지고 있는 지도자들 중에는 다음과 같은 여섯 가지 형태의 지도자들이 있다.

1. 비전에 이끌리는 목사들 이러한 목사들은 옛 부대를 수선하여 현 상태를 유지하는 것에 만족하지 못하는 성향이 있다.

2. 일 중심적인 목사들과 선교회 지도자들 이들은 어떠한 희생을 치르고서라도 연합을 우선시하는 것이 그들에게 맡겨진

일을 성취하는 데에 도움이 되지 않는다는 것을 분명하게 볼 수 있다.

3. **영향력을 미칠 수 있는 소수파 지도자들** 이들은 어떠한 힘도 없이 모임에 참여하는 것은 일종의 명목에 지나지 않는다는 것을 감지하고 있다. 거의 모든 범도시적 모임들에는 사회의 다른 부분들에 다리를 놓아 줄 수 있는 특별한 은혜를 지니고 있는 소수파 지도자들이 포함되어 있다.

4. **역동적으로 성장하는 대형 교회 목사들** 이들의 개인적 관심 사항은 같은 도시에 살고 있는 다른 대부분의 목사들과는 전혀 다르다. 따라서 이들 사이에 의사소통이 원만히 이루어지는 것은 거의 불가능하다.

5. **은사주의적 목사들** 은사주의적 목사들은 대개 복음주의적 목사들의 독특성을 충분히 인정한다. 하지만, 이들이 목회자들의 모임에 초대받게 되면 그 모임에 참석하기 전에 먼저 자신들의 독특성을 확인해 본다. 그러면 그들 사이에 최소한의 공통점을 제외하고는 공통점이 별로 없음을 보게 된다. 따라서 은사주의적 성향을 띤 어떤 목사들에게는 일반적이고 전형적인 모임이 너무 지루해 거의 참을 수 없을 지경에 이르기도 한다.

6. 사도들 이들은 목회 중심적 모임들이 자기들의 사도적 영향권 밖에 있기 때문에 그 안에서 사도로서 기능할 수 없다는 것을 알고 있다.

이러한 여섯 형태의 지도자들이 개인적으로 초대를 받았음에도 불구하고 나타나지 않을 때 험담이 돌기 시작한다. 이들은 종종 다음과 같은 특징을 지닌 자들로 분류된다. 냉담하고, 자기중심적이며, 자기 왕국을 세우며, 자만하며, 도시 교회를 믿지 않으며, 자신들이 이끌지 않으면 참여하지 않는 자들. 잘 생각해 보면, 마지막 특징은 사실이다.

그들이 지도자가 아닌가! 지도자들에게 어떤 그룹에 참여하지만 인도를 해서는 안 된다고 말하는 것은 마치 노래하는 자에게 성가대에 가입하라고 말하면서 노래를 해서는 안 된다고 말하는 것과 같다.

이러한 보이지 않는 분열의 벽으로 인해 불행한 결과가 초래되었다. 훌륭한 기독교 지도자들이 선봉에서 제외된 것이 바로 그것이다. 이것은 마치 프로야구에서 타율이 3할대에 이르는 훌륭한 선수들이 선발에서 제외되는 것과 같다. 따라서 미국의 도시들에서 사회를 변화시키는 하나님의 능력이 나타나는 것을 보고 싶어 하면서도, 그러한 일이 거의 일어나지 못하고 있는 것은 놀라운 일이 아니다.

전환할 수 있을까?

우리는 1990년대의 목회자 중심적 접근법들이 기대된 결과들을 이루지 못한 현실을 직시하고 있다. 그렇다면 이제 우리가 새로운 패러다임으로 전환할 수 있을까? 사도들이 도시 교회의 토대라는 것을 인식할 수 있을까?

이 질문들로 인해 우리는 다시 한 번 지역적 사도들의 중대한 역할을 생각해 보게 된다. 지역적 사도들을 확인해 줄 수 있는 중요한 지침들이 있다. 그리고 이것들은 그들을 인식하고 확증하기 위해 필요한 문들을 열어 주는 데 있어서 매우 값진 것들이다.

어떤 도시 안에 있는 모든 사도들이 또한 그 도시의 사도들이어야 하는 것은 아니다. 또한 교회의 사도들, 기능적 사도들, 동원하는 사도들, 혹은 수직적 사도들 모두가 지역적 영역을 가지고 있는 것은 아니라는 것도 알아야 한다. 나는 콜로라도 주의 콜로라도 스프링스에 살고 있는 사도이다. 그러나 하나님은 나의 도시를 내가 사도로서 기능할 수 있는 영역으로 주시지 않으셨다.

또한 모든 도시들에는 그 안에서 기능할 수 있는 지역적 사도들이 여러 명이 있을 수 있다. 이것을 아는 것이 매우 중요하다. 이것은 어떤 도시 안에 존재하는 다른 여러 사도들이 그 도시 내부의 다른 하부 영역들에서 기능할 것이라는 것을 뜻한다. 예를 들어, 어떤 도시 안에서 한 사도는 흑인들의 공동체에서 사역할 수 있고,

또 다른 사도는 히스패닉 공동체에서, 또 다른 사도는 백인들의 공동체 안에서 사역할 수 있을 것이다. 성경 속에서도 이러한 실례를 볼 수 있다. 바울은 아시아의 이방인들 안에서, 베드로는 아시아의 유대인들 가운데에서 사역을 했다.

도시의 크기가 커져감에 따라 사도들이 기능하는 영역들이 더 세분화될 것이다. 핵 교회 사도들 가운데, 한 사도는 복음주의자들 사이에서, 또 다른 사도는 은사주의자들 사이에서 기능할 수 있다. 한 사도의 영역은 도시의 북쪽이고, 또 다른 사도의 영역은 남쪽일 수도 있다. 또 다른 영역은 도시 안에 있는 젊은이들이 될 수도 있다. 또한 일터의 사도들도 각기 정부, 부동산, 건강 전문분야, 교육, 미디어와 같은 영역들에서 기능할 수 있다.

자기가 맡은 특정 지역에 대한 헌신

누가 우리 도시의 참된 지역적 사도들인지를 어떻게 인식할 수 있을까? 그들은 내가 이 책에서 설명해 온 모든 사도들의 특징들을 지니고 있어야 한다. 또한 지역적 사도들은 그 외에도 그들이 맡은 특정 지역에 대해 헌신적인 자세를 지니고 있는지에 대한 시험을 통과해야 한다.

캘리포니아의 헤메트(〈변화〉라는 비디오에서 소개된 도시들 중의 하나)에 살고 있는 밥 베케트는 자기가 맡은 특정 지역에 대한 헌신에 관해 책을 썼다. 그 책의 제목은 〈정복에 대한 일념〉(Commitment to conquer, Grand Rapids, MI: Chosen Books, 1997)이다. 그는 이 책에서 어떤 지역에서의 영적 권위는 그 지역에서 기독교 지도자가 보여 주는 헌신의 정도에 비례한다는 것을 강력하게 주장했다.

이것은 먼저 미국의 지역 교회 목사들에게 적용될 수 있다. 이들은 그들이 속해 있는 지역에 대해 상대적으로 낮은 수준의 헌신을 보여 주고 있다. 이것이 무엇을 의미하는가? 미국 목사들의 약 90%는 그들이 사역하고 있는 지역에서 오랫동안 머물고 싶어 하지 않는다. 한 지역에서 10년 이상 동안 사역을 할 것이라는 기대를 하지 않는다.

예를 들어, 가장 큰 교단인 남침례교에서는 목회 임기가 평균적으로 볼 때에 2.7년에 불과하다. 두 번째로 큰 교단인 미국 연합감리교 목사들의 임기는 3.4년이다. 자기들이 속해 있는 공동체에 종신토록 헌신하는 목사들은 상대적으로 볼 때에 극히 적다. 하지만 치과의사, 변호사, 자동차 판매상, 법 집행자들, 청부업자들은 어떠한가? 그들 대부분은 그들이 속한 공동체 안에서 종신토록 헌신하는 경향이 있다. 이것은 사실 섬뜩한 현실이다. 장기적인 시각 대신에 단기적인 시각을 가지고 있으며, 또한 이리저리 이동하려는 사고방식을 가지고 있는 목사들이 어떻게 한 공동체나 임무에 장기적인 헌신을 할 수 있겠는가? 또한 이들이 주위의 사람들에게 어떻게 훌륭한 리더십의 모델을 세워 줄 수 있겠는가?

둘째로, 자기가 맡은 지역에 대한 헌신은 지역 교회의 목사들보다 지역적 사도들에게 훨씬 더 엄격하게 적용된다. 자신에게 맡겨진 도시에 온전히 헌신하지 않는 도시의 사도를 상상하는 것은 마치 눈이 먼 외과 의사나 말을 더듬는 라디오 아나운서, 혹은 비만한 육상 선수를 상상하는 것만큼이나 어렵다.

세 개의 물고기 연못

그렇다면 이제 우리가 어떻게 해야 하는가?

사도들을 만들어 내는 것은 우리의 몫이 아니라, 하나님의 것이다. 하나님은 사람들에게 사도의 은사를 주시고 사도적 영역들을 할당해 주심으로써 사도들을 만드신다. 하지만 하나님께서 교회(핵 교회와 확대교회)에 주신 사도들을 인식하는 것은 분명히 우리의 몫이다. 하나님의 사람들은 그들을 격려하고, 적당한 시기에 그들에게 직분을 수여하며, 또한 우리 지역에 거하고 있는 사도(들)의 권위에 감사함으로 순복해야 한다. 우리가 이렇게 할 때에 하나님 나라의 질서가 바로 세워지고, 우리 도시 위에 성령이 강력하게 임하시는 것을 경험하게 될 것이다. 그리고 이어서 세계적인 규모의 사회적 변화가 뒤따를 것이다.

우리가 지역적 사도들을 찾고자 한다면, 올바른 장소에서부터 시작해야 한다. 나는 지역적 사도들을 쉽게 찾을 수 있는 세 개의 주요한 '물고기 연못'이 있다고 생각한다(물론 지역적 사도들이 이 세 군데에만 거한다는 말은 아니다). 여기에서 언급하고 싶은 또 한 가지는 하나님께서 이 세 군데에 거하는 참된 사도 모두를 도시의 사도들로 임명하시지는 않는다는 것이다. 그들 중 많은 사도들은 다른 사도적 영역들을 갖게 될 것이다. 하지만 나는 이 세 지역이 출발점으로서는 매우 좋은 장소들이라 생각한다.

1. 일터의 사도들

나는 앞 장에서 핵 교회의 사도들이 아니라 일터의 사도들 중에서 지역적 사도들을 쉽게 찾을 수 있다는 강력한 의견을 제기했다. 일터의 사도들은 그들이 사역하는 지역에 헌신하는 경향이 있다. 예외가 있기는 하지만, 사도들로 인정받을 만큼 충분히 성숙한 대부분의 일터 지도자들은 다른 곳으로 이동할 생각을 갖고 있지 않다. 이것이 강력한 영적 권위를 부여해 준다.

또 한 가지 이유는 도시의 세력가들 사이에서 일터의 지도자들이 핵 교회의 지도자들보다 더 강한 영향력을 행사할 수 있기 때문이다. 그들은 문화를 형성하는 주요한 요소들, 즉 정부, 사업, 교육, 미디어, 예술에 쉽게 접근할 수 있는 자들이다. 마지막으로, 그들은 상당한 부를 관리하고 있다. 내가 확신하기로 우리가 부와 관계가 먼 삶을 사는 한, 수년 내에 사회적 변화가 일어나는 것은 거의 불가능할 것이다.

1990년대에, 사회적 변화를 향한 거의 모든 활동들은 핵 교회 지도자들의 손에 달려 있었다. 우리 분야에서 능동적이며 영향력 있는 확대 교회의 지도자들은 흔하지 않았다. 하지만 우리가 희망하는 진보를 이루기 위해서는 우리의 생각을 재조정해야 한다. 우리는 일터의 사도들이 제 자리를 잡을 수 있도록 도와야 한다. 비록 이러한 일이 어떤 핵 교회의 지도자들을 노하게 할지라도 말이다. 사실 이것이 내가 〈일터 속의 교회〉The Church in the workplace 라는 책을 쓴 이유들 중의 하나이다. 이 책을 쓴 목적 중의 하나는 두 형태의 교회에서 사역을 하는 지도자들이 서로를 이해하고, 서로에게 감사하며, 또한 서로를 긍정해 주는 일을 돕고자 함이었다.

2. 대형 교회의 목사들

핵 교회의 지도자들 사이에서, 지역적 사도들이 있을 법한 물고기 연못은 대형 교회의 목사들이다.

교회 성장 연구에 의하면 대체적으로 볼 때에 교회가 크면 목사의 임기도 길게 나타났다. 1000~2000명 혹은 그 이상의 성도들이 출석하는 교회를 담임하는 대부분의 목사들은 '더 푸른 목장'을 찾는 것을 멈추었다. 그들은 성도들을 향한 부르심을 평생 동안 감당해야 하는 임무로 바라본다. 그들은 자신에게 주어진 특정 지역을 위해 온전히 헌신하고 있는지 그렇지 않은지에 대한 시험을 통과했다. 더욱이, 정체되어 있거나 축소하는 대신에 역동적으로 성장하고 있는 대형 교회의 목사들은 또한 '회중의 사도들'(7장에서 설명됨)이라는 정의에 부합될 것이다. 이러한 목사들은 그들에게 맡겨진 지역에서 헌신하고 있는 사도들이다.

3. 선교회의 지도자들

선교회 지도자들 모두는 아니지만 일부는 사도들이다.

하나님은 그들 중 어떤 이들에게 도시를 할당해 주어서 그들로 하여금 그 안에서 사역을 하게 하셨다. 즉, 그들에게 사도적 영역을 할당해 주셨다. 따라서 그들이 비록 많은 수는 아닐지라도, 그리고 그들이 자기 사역을 인도한다는 이유 때문에 우리가 그들을 간과해서는 안 될 것이다.

지역적 사도로서 매우 잘 알려져 있는 선교회 지도자들 중의 한 사람이 텍사스 휴스톤에서 "Somebody Cares"(누군가 돌보고 있다)라는 사역을 이끄는 더그 스트링거Doug Stringer이다. 그는 자기에게 맡겨진 지역에 헌신하고 있으며, 휴스톤에서 사회적 변화를 향한 효과적인 사역을 하고 있다. 이러한 그의 실적은 많은 사람들에 의해 인정받고 있다.

우리가 우리의 도시들과 사회를 정말 변화시키고자 한다면, 목회적 접근법으로부터 사도적 접근법으로 전환해야 한다. 지금이 바로 그 때이다. 물론 이것이 쉽지는 않겠지만, 하나님의 도우심을 입어 얼마든지 할 수 있다. 나는 또한 상대적으로 빠른 시간 내에

이 전환을 이룰 수 있다고 믿고 있다. 우리가 이 전환을 이룬다면, 오직 승리만 있게 될 것이다. 우리 사회와 나라의 구석구석에서 하나님 나라가 더욱 선명하게 드러날 것이기 때문이다.

제10장

결론: 새 술은 새 부대에

New Wine in New Wineskins

오늘날의 교회에 사도들이 있다는 개념은 아직 일반적인 것으로 받아들여지지 않고 있다. 오직 소수의 목사들만, 그것도 젊은 목사들만이 신학 대학원이나 신학교에서 사도에 대한 가르침을 받았다. 하지만 그들 대부분도 1세기에 살았던 사도들에 대해서 배웠을 뿐이다. 설상가상으로, 그들은 사도와 선지자의 은사와 직분이 사도 시대가 끝나는 무렵에 멈추었다는 가르침을 받았다.

하지만 변화가 일어나고 있다. 우리는 현재 제2사도 시대로 접어들었다. 교회가 취하고 있는 형태는 '신 사도적 개혁'이라 부를 수 있다. 내가 '개혁'이라는 말을 사용한 것은 16세기에 일어난 종교개혁 이후로 교회에서 가장 급진적인 변화가 일어나고 있는 현실을 목격하고 있기 때문이다.

하나님은 새 부대를 창조하신다

지금 일어나고 있는 일들에 성경적 용어를 붙여보자. 우리는 하나님께서 교회를 위한 중대한 새 부대를 창조하고 계신 것을 맨 앞자리에서 볼 수 있는 축복을 누리고 있다. 물론 하나님께는 이것이 새로운 일이 아니다. 기독교 역사를 추적해 볼 때에, 하나님께서 지난 2000년 동안 그의 교회를 위해 끊임없이 새 부대를 창조해 오셨음을 알 수 있다. 하나님께서 다시 그 일을 행하고 있는 것은 전혀 놀라운 일이 아니다.

'새 부대'라는 표현은 세례 요한의 제자들이 예수님께 나아온 이야기 속에 등장한다(마 9). 그들은 언짢은 마음을 가지고 있었다. 그들을 언짢게 한 이유들 중의 하나는 배고픔이었다. 세례 요한은 그의 제자들로 하여금 항상 금식케 하였다. 그들은 자기들은 금식하고 있는데, 예수님의 제자들은 먹고 마시고 있는 모습을 보면서 불평했다. 도대체 무엇이 옳은가?

예수님은 먼저 신랑과 신부에 관한 이야기를 들려 주신 후에 가죽 부대에 대한 말씀을 하셨다. "새 포도주를 낡은 가죽 부대에 넣지 아니하나니 그렇게 하면 부대가 터져 포도주도 쏟아지고 부대도 버리게 됨이라 새 포도주는 새 부대에 넣어야 둘이 다 보전되느니라"(마 9:17). 예수님은 이 말씀을 통해 구약을 대표하는 현저한 인물이며 마지막 인물이었던 세례 요한에 관해 말씀하고 계셨다. 세례 요한과 그의 제자들은 예수님께서 '낡은 가죽 부대'라고 부르셨던 것을 대표하는 인물들이었고, 예수님은 새 언약, 즉 '새 부대'를 소개해 주기 위해 오셨다.

옛 가죽 부대들도 좋다

예수님은 무엇이 좋고 무엇이 좋지 않은지에 대하여 말씀하신 것이 아니었다. 예수님은 세례 요한을 사랑하셨다. 예수님은 다음과 같이 말씀하셨다. "내가 진실로 너희에게 말하노니 여자가 낳은 자 중에 세례 요한보다 큰 이가 일어남이 없도다 그러나 천국에서는 극히 작은 자라도 저보다 크니라"(마 11:11). 다른 말로 해서, 예수님은 낡은 가죽 부대를 사랑하셨다. 다만 그것은 새 포도주를 저장하지 못할 뿐이었다.

이것을 신 사도적 개혁(현재의 새 부대라 할 수 있다)에 적용해 보면, 옛 가죽 부대(전통적인 교단들)도 좋다는 것을 기억하는 데 큰 도움이 될 것이다. 하나님은 전통적인 교단들을 사랑하신다. 그들도 역사의 어느 부분에서는 새 부대였다. 새 부대였을 때에는 하나님께서 부으시는 새 포도주를 담을 수 있었다. 그러나 하나님께서는 새 포도주를 더 이상 그들 안에 부어 주시지 않는다. 하나님은 그들을 너무 사랑하시기 때문에 그들이 터지는 것을 원하지 않으신다. 하나님은 전통적인 교단들이 가능한 한 오랫동안 그리스도의 몸에 지속적인 축복이 되기를 원하신다.

어떤 사람들은 거부할지도 모른다

옛 가죽 부대에 속하는 어떤 기독교 지도자들은 제 2 사도 시대가 있다는 것에 반대하는 목소리를 높일 수 있을 것이다. 하지만 우리는 이것으로 인해 놀라거나 상처를 받아서는 안 된다. 어쨌든, 그들은 전통적인 교단들 안에서, 혹은 전통적인 선교 위원회 아래에서 하나님을 섬기는 일에 그들의 삶을 드려 왔다. 그리고 그러한 전통적인 구조들이 하나님의 영광을 나타내는 방법에 익숙해지고 편안해지게 되었다. 그들은 하나님의 뜻 안에서 사역을 해왔으며, 또한 계속해서 그렇게 해야 한다. 하지만 오늘날 교회에서 기능하고 있는 사도의 은사와 직분에 대한 생각이 그들이 현재 거하고 있는 안전지대를 뒤흔들어 놓고 있다. 이것은 마치 예수님의 제자들의 삶의 방식이 세례 요한의 제자들의 안전지대를 뒤흔들어 놓은 것과 같다. 그러나 기억해야 할 것이 있다. 예수님께서는 그것에 대해 그들을 조금도 멸시하지 않으셨다는 것이다.

예수님은 많이 받은 자에게 많은 것이 요구될 것이라는 말씀을 하셨다. 상당한 양의 새 포도주가 현대의 사도 운동에 부어지고 있다. 이 운동에 동참하는 자들에게 요구되는 것들 중의 하나가 있다. 그것은 포도주가 우리 머리 안에 들어가는 것을 막는 것이다.

이것을 막지 못하면 우리가 옛 가죽 부대에 속한 자들보다 어떤 식으로든 우월하다고 생각하게 될 것이다. 결코 그렇지 않다. 하나님은 포도주가 교만한 우리 머리가 아니라 성령의 열매가 맺어지는 우리 마음에 들어갈 때에만 우리를 축복하실 것이다. 우리는 앞서 간 자들을 존중하면서(모방해야 한다는 말은 아니다) 겸손히 전진해 나가야 한다.

하나님 나라에는 옛 가죽 부대들과, 새 부대들, 그리고 이 둘 사이에 존재하는 자들을 위한 방이 수없이 많이 있다.

서로를 존중하기

예수님께서 세례 요한을 존중해 준 것같이, 우리가 서로를 존중해 줄 수 있다면, 하나님은 그의 백성들 모두를 사용하시어 이 땅에 하나님 나라를 확장시키는 일에 그들의 개별적이고 집합적인 효력을 극대화시킬 수 있을 것이다—그들이 어떤 부대를 선택하는지에 상관없이 말이다. 모두가 승리자가 될 것이며, 열방이 축복을 받게 될 것이다.

부록 사도란?

What Is an Apostle

부록 사도란?

국제 사도 협회International Coalition of Apostles의 의장인 피터 와그너 사도에 의해 작성된 예비적 문서(2006년 5월 3일 현재)

1999년에 창립된 국제 사도 협회는 현재 500명이 넘는 사도들로 구성되어 있다. 이 협회의 사도가 되기 위해서는 적어도 두 명의 ICA 멤버들로부터 추천을 받아야 한다. 그 이유는 동료 사도들을 인정하는 데 있어서 대등한 수준의 사도들이 가장 적합하다고 가정했기 때문이다. 물론 이것은 매우 주관적인 과정이었다. ICA에는 참된 사도에게 기대할 수 있는 기본적인 자격 요건들을 설명해 주는 공식적인 문서가 없었다. ICA 내부에서 그리고 외부에서 이러한 공식적인 문서를 만들어 달라는 몇몇 요구들에 반응해 이 글을 작성하게 되었다. 이것은 완성된 것이 아니라 예비적 성격을 띤 문서이다. 나는 이 원문을 ICA의 모든 멤버들에게 나누어 주었고, 20~30여 개의 매우 통찰력 있는 반응들을 받아왔다.

나는 이 반응들을 통해 ICA 구성원들이 똑같은 성경적, 그리고 현상적 데이터들을 고려해 본 후에 다양한 결론에 이르렀다는 것을 알 수 있었다. 결론적으로, 우리는 ICA 구성원들이 승인할 수 있는 일반적인 문서를 만들기 위해 계속해서 노력하고 있다. 사도의 조건에 대한 세밀한 부분에 관해 ICA 구성원들 사이에서 지속되는 대화는 우리와 같이 설립된 지 얼마 안 된 단체에서는 뜻밖의 일이라 할 수 없다. 대화를 계속해 나가면서, 때로 이 문서를 수정할 것이다. 뿐만 아니라, 다른 ICA 구성원들도 그들의 견해를 표현해 주는 문서를 작성해 주었으면 한다. 그리고 그러한 문서들은 이 문서와 함께 ICA 웹사이트에 공고될 것이다.

ICA 구성원들은 기본적인 개념들에 동의하고 있다. 사도의 정의에 대해 모두 동의하고 있다. 이 정의는 ICA 설립 취지서에 기록되어 있고, ICA에 가입하기를 원하는 자들은 모두 가입 전에 여기에 동의한다는 서명을 해야 한다. 또한 ICA 구성원들 모두는 사도와 선지자의 은사와 직분이 초대 교회에서처럼 오늘날의 교회에서도 유효하다는 것에 동의한다. 우리는 이러한 직분들이 교회에서 어떻게 기능하는지에 대해 계속해서 상세하게 설명할 것이다. 따라서 이 문서는 나의 개인적 의견으로 받아들여져야 한다.

1. 정의

사도는 지정된 사역의 영역 내에서 교회의 기초적인 구조를 세우기 위해 하나님으로부터 권위와 더불어 은사와 가르침과 위임과 파송을 받은 기독교 지도자이다. 사도는 성령께서 교회들에 하시는 말씀을 들음으로써, 그리고 하나님 나라의 확장을 위해 질서를 세워나감으로써 이 일을 성취할 수 있다.

2. 은사와 사역

위의 정의로 볼 때에, 사도는 하나님의 은혜로 사도의 은사를 받은 자들이다. 이 은사는 고린도 전서 12장에 다른 은사들과 함께 열거되어 있다. 하지만 고린도 전서 12장을 통해 또한 알 수 있는 것은 같은 은사를 지닌 모든 자들이 똑같은 사역을 하는 것은 아니며, 또한 똑같은 사역을 하는 자들이 똑같은 활동을 하는 것은 아니라는 것이다(고전 12:4-6).

많은 사도들은 주로 주일에 만나는 성도들로 구성되어 있는 전통적인 핵 교회에서 사역을 하고 있다. 그러나 확대 교회, 즉 일터의 교회에서 사역을 하는 사도들도 있다.

하나님은 어떤 이들에게 이웃이나 도시나 주나 나라와 같은 특정한 지역에서 영적 권위를 행사할 수 있게 하셨다. 이들이 지역적 사도들이다. 또 어떤 이들은 정부나 재정이나 미디어와 같은 사회적 영역에 대한 권위를 부여받았다.

사도의 은사를 가진 자들 중에, 어떤 이들은 수직적 사도로서 사역을 하고 있다. 이들은 교회나 사역의 네트워크 위에, 혹은 여성, 기도, 청소년, 예배와 같은 특정한 영역에서 사역을 하는 사람들의 네트워크 위에 사도적 리더십을 행사한다.

수평적 사도들도 있다. 이들은 다른 사도들이나 목사들이나 선지자들과 같은 동료들을 모으고 연결시키는 사역을 한다.

3. 은사와 직분

모든 영적 은사들의 경우에서와 같이, 사도의 은사는 하나님이 기뻐하시는 대로 믿는 자들에게 주어진다(고전 12:11, 18). 영적 은사들은 오직 하나님의 은혜에 의해 주어진다.

하지만 사도의 직분은 오직 은혜에 의해서만 주어지는 것은 아니다. 그것은 은사의 청지기직을 신실하게 감당한 결과로서 주어진다.

하나님께서 어떤 남자나 여자를 선택해 사도의 은사를 주셨다면, 그 은사의 열매가 다른 사람들에게 분명하게 나타날 것이다. 그리고 때가 이르면 그리스도의 몸된 교회가 그 사람에게 사도의 직분을 수여할 것이다.

우리는 이러한 행위를 보통 '위임식'이라 부르며, 이 예식은 교회를 대표하는 선지자들뿐만 아니라 동료 사도들의 안수를 통해 행해진다. '사도'라는 직함은 보통 이 직분으로 위임을 받은 자들에 의해서만 사용된다. 하지만 어떤 상황 속에서는 이 원리가 아직 공식화되지 않았다는 것도 말해 두고 싶다.

4. 사도적 영역

온 세상의 전체 교회에 파송된 사도는 존재하지 않는다. 하나님은 각 사도들에게 특정한 영역들을 주신다. 따라서 사도들은 그 영역 안에서 권위를 행사한다. 바울은 고린도 후서 10장 13-16절에서 이것을 분명히 밝혔다. "그러나 우리는 분량 밖의 자랑을 하지 않고 오직 하나님이 우리에게 분량으로 나눠 주신 그 분량의 한계를 따라 하노니 곧 너희에게까지 이른 것이라"(고후 10:13).

사도적 영역들에는 교회, 기능, 지역, 문화, 혹은 일터와 같은 요소들로 분류될 수 있다.

5. 사도의 자격

어떤 자격 요건들은 하나님께서 사도들에게 맡기신 다른 사역이나 활동들에 상관없이 모든 사도에게 적용된다.

- **특출한 인격** 사도들은 디모데 전서 3장 1-7절에 기록된 리더의 자격 요건들을 갖추어야 한다. 그들은 모든 다른 성도들보다 더 엄격한 심판을 받게 될 것이라는 야고보서 3장 1절의 경고를 진지하게 받아들인다. 그들은 거룩하다(벧전 1:15).

- **겸손** 예수님은 자기를 낮추는 자들이 높아질 것이라고 말씀

하셨다. 사도들은 하나님에 의해 높여지기 때문에(고전 12:28), 자격 요건을 충족시키려면 자신을 낮추어야 한다.

• **지도력** 모든 지도자들이 사도는 아니지만, 모든 사도들은 지도자이다. 사도들은 그들의 지도력을 입증하기 위해 그들을 따르는 자들이 있어야 한다.

• **권위** 교회의 다른 구성원들과 사도를 가장 잘 구분해 주는 특징이 사도의 은사에 고유한 권위이다. 그들은 교만이나 사기를 통해서가 아니라 아비됨fahterhood을 통해 그 권위를 획득한다.

• **고결함** 사도들은 책망받을 것이 없기 위해(딤전 3:2), 그리고 "외인에게서 선한 증거를 얻기 위하여"(7절) 고결한 성품을 갖추고 있어야 한다.

• **지혜** 지혜를 가져다 주는 성숙함이 없이는 참된 사도가 될 수 없다. 사도들은 하나님께서 주신 능력을 통해 큰 그림을 볼 수 있기 때문에 다른 사람들이 하나님의 계획 속에서 그들의 위치를 발견할 수 있도록 도울 수 있다.

• **기도** 모든 사도들이 중보 기도자들은 아니지만, 모두가 훈

련을 통해 얻은 적극적이고 효과적인 기도 생활을 통해 하나님과 친밀한 관계를 누린다(행 6:4).

6. 모든 사도들이 행하는 것

● **계시를 받음** 사도들은 성령께서 교회에 들려 주시는 음성을 듣는다. 어떤 계시들은 그들에게 직접 오며, 또 어떤 것들은 선지자들과 함께 받는다. 또 어떤 계시들은 선지자들과의 합당한 관계를 통해 주어지기도 한다.

● **비전 제시** 그들의 비전은 그들이 받는 계시에 기초한다.

● **태동시킴** 사도들은 새로운 일들을 시작하는 자발적인 행동가들이다.

● **풀어 주기** 하나님은 다른 사람들 안에 축복을 풀어 주시기 위해 사도들을 사용하신다(롬 1:11).

● **세워 나감** 사도들은 어떤 프로젝트를 의도된 경로에 맞게 수행하기 위해 전략을 세우며 방법을 모색한다. 또한 그 일에 필요한 자금을 조달할 방법들도 모색한다.

● **질서 부여** 사도들은 질서를 바로잡는 데 능숙한 자들이다. 이들은 선지자들과 더불어 하나님 나라의 성서적 토대를 세우는 자들이다(엡 2:20).

● **가르침** 초대 교회의 성도들은 사도들의 가르침을 받는 일에 최선을 다했다(행 2:42).

● **파송** 사도들은 하나님 나라를 확장하는 데 있어서 자기 역할을 충실히 행할 준비가 된 자들을 파송한다.

● **완성** 사도들은 어떤 프로젝트나 하나님의 한 계절을 바람직한 방향으로 완성할 수 있다. 그들은 프로젝트가 끝나기 전까지는 편안히 쉴 수 없다. 하지만 그들은 좀처럼 탈진하지 않는다.

● **전투** 사도들은 하나님 나라 군대의 장군들이다.

● **세대를 연결해 줌** 사도들은 하나님의 목적들에 대한 장기적인 시각을 지니고 있으며, 미래를 위해 다음 세대의 리더들을 양성한다.

● **준비시킴** 사도들은 성도들이 사역을 할 수 있도록 준비시킨

다(엡 4:12).

7. 일부의 사도들이 행하는 것

기질과 사역과 부르심과 행동과 지역적 위치의 차이를 고려할 때에, 모두는 아니지만 많은 사도들이 다음과 같은 특징을 지니고 있다.

- 예수님을 봄
- 표적과 이사를 행함
- 이설을 드러냄
- 교회 개척
- 교회 훈육
- 교류 문화적 사역
- 적에게 빼앗긴 지역을 하나님 나라로 돌이킴

8. 일터 사도들의 특별한 특징들

대부분의 경우에 있어서, 일터의 사도들(때로 '왕'이라 불림)은 핵 교회의 사도들과 똑같은 자격 요건들을 갖추고 똑같은 활동들을 하기로 기대될 것이다. 하지만, 일터에서 그들이 차지하는 위치 때문에, 그들의 사도적 권위가 흘러나오는 출처들에는 다소 차이가 있을 것이다.

• **존경심** 핵 교회 사도들이 권위를 얻는 출발점은 대개 관계이지만, 일터 사도들의 출발점은 존경심이다. 즉, 핵 교회 사도들의 권위는 주로 그들이 지니고 있는 기름 부으심과 관계로부터 나오지만, 일터 사도들의 권위는 주로 일터의 다른 사람들로부터 얻는 존경심으로부터 나온다. 일터에서의 좋은 관계는 주로 존경심을 통해 이루어진다(좋은 관계가 존경심을 만들어 낸다는 말은 맞지 않음).

• **돈** 일터에서 존경심을 얻을 수 있는 중요한 기준은 자원, 특별히 재정적 자원을 얼마나 융통할 수 있는가 하는 것이다. 돈은 핵 교회에서보다 일터에서 더욱 존경심을 일으키고, 신용을 세워 주며, 권위를 부여해 준다. 하지만 결코 돈이 초점은 아니다. 단지 필요한 수단일 뿐이다. 재정적으로 독립한 일터의 사도들은 다른 사람들을 재정적으로 의지하는 사도들보다 유리한 고지를 점령한 셈이다.

• **모험하는 자들** 일터에서 사도적 권위를 가진 자로 나아가는 길은 지뢰밭과 같다. 일터의 사도들은 주목할 만한 성공들을 이루기도 하지만, 그 과정 속에서 힘겨운 모험을 하는 일에 익숙해 있다. 대부분의 일터 사도들이 많은 돈을 잃는 경험을 했고, 그러한 경험들을 통해 많은 것을 배웠다. 하나님의 은혜로 말미암아 그들은 두려워하지 않으며 뒤로 물러나지도 않는다. 왜냐하면 그들은

하나님께서 돈에 관심을 갖고 있지 않다는 것을 알기 때문이다.

● **르네상스적 인물** 존경을 받는 또 하나의 기준은 '르네상스적 인물'이 되는 것이다. 이들은 광범위한 관심사들을 지닌 자들이다.

● **법적인 문제들을 잘 해결해 나감** 일터의 사도들은 법적으로 얽힌 것들을 잘 해결해 나가는 직감을 지니고 있다. 이들은 법적 구조들이 하나님께서 행하시는 일들에 장애물이 되는 것을 용인하지 않는다. 그들은 수년 동안 상호 신뢰에 기초해 조심스럽게 세워 온 여러 관계들을 통해 이러한 일을 할 수 있다.

● **영향력의 위치** 권위는 또한 일터에서 자기가 얻은 특별한 영향력을 통해 주어진다. 문화의 틀을 만드는 7가지 요소들은 다음과 같다. 가족, 종교, 정부, 예술, 미디어, 사업, 교육. 이들 각각은 또한 수많은 부분들로 세분화될 수 있으며, 영향력을 어떻게 얻을 수 있는지에 대한 특정한 규칙서를 가지고 있다. 일터의 사도들은 그들의 영역(들)을 알며, 또한 그러한 영역 안에서 영향력의 자리에 오르게 될 것이다. 그들이 영향력을 사용하는 명백한 동기는 하나님께 영광을 돌리는 것이다.

● **하나님 나라의 사고방식** 일터에서 재정적인 성공을 거두는

기독교 지도자들이 모두 사도인 것은 아니다. 하지만 사도들은 하나님 나라의 사고방식을 가지고 살아갈 것이다. 그들은 하나님 나라의 가치들이 모든 영역에서 사회에 흡수되는 것을 보고자 하는 강한 열정을 가지고 살아간다. 그들은 모든 사도들에게 기대되는 특징들을 지니고 있다. 이들은 일터에 위치한 '교회'의 질서를 바로 세우는 것뿐만 아니라, 도시나 나라의 변화를 일으키는 일에 적극적으로 개입한다.

● **위임식**(일터의 사도들을 인정하고 위임하는 과정은 아직 완성되지 않았다. ICA는 위임식을 어떻게 행해야 할지에 대해 곧 의견의 일치를 보게 될 것이다.)

미주

1) J. Wilbur Chapman, The Life and Work of Dwight L. Moody: *Presented to the Christian World as a Tribute to the Memory of the Greatest Apostle of the Age*(Chicago: J.S. Goodman & Co., 1900)
2) Vinson Synan, "Who Are the Modern Apostles?" *Ministries Today*, March-April 1992, p. 47.
3) 1949 Minutes of the General Council of the Assemblies of God, Resolution 7: "The New Order of the Latter Rain."
4) "Endtime Revival-Spirit-Led and Spirit-Controlled: A Response Paper to Resolution 16," Adopted by General Presbytery, The General Council of the Assemblies of God, August 11, 2000, p.2.
5) "The Orlando Statement," *Ministries Today*, March-April 2004, p. 63.
6) C. Peter Wagner, *Churchquake*! (Ventura, CA: Regal Books, 1999), p. 75.
7) David Cannistraci, *Apostles and the Emerging Apostolic Movement* (Ventura, CA: Regal Books, 1996), p. 29.
8) Harold R. Eberle, *The Complete Wineskin*(Yakima, WA: Winepress Publishing, 1993), P. 26.

9) Watchman Nee, *What Shall This Man Do?* (Fort Washington, PA: Christian Literature Crusade, 1961), p. 18.

10) David Cannistraci, *Apostles and the Emerging Apostolic Movement* (Ventura, CA: Renew, 1996), p. 108.

11) Bill Hamon, *Apostles, Prophets and the Coming Moves of God* (Santa Rosa Beach, FL: Christian International, 1997), p. 39.

12) Cannistraci, *Apostles and the Emerging Apostolic Movement*, P. 107.

13) Gordon Lindsay, *Apostles, Prophets and Governments* (Dallas, TX: Christ for the Nations, Inc., 1988), p. 14

14) Barna Research Group, Ltd., "Awareness of Spiritual Gifts Is Changing," News Release (Ventura, CA), February 5, 2001, pp. 1-2.

15) J. Rodman Williams, *Renewal Theology: Systematic Theology from a Charismatic Perspective* (Grand Rapids, MI: Zondervan Publishing House, 1996), p. 324.

16) Ibid., p. 347, footnote 1.

17) My two books on spiritual gifts are the textbook *Your Spiritual Gifts Can Help Your Church Grow* and he condensed version, *Discover Your Spiritual Gifts*, both published by Regal Books.

18) "Endtime Revival-Spirit-Led and Spirit Controlled: A Response Paper to Resolution 16," subsection "Deviant Teaching Disapproved," issued by the General Presbytery of the General Council of the Assemblies of God, August 11, 2000.

19) Bill Scheidler, Apostles: *The Fathering Servant* (Portland, OR: CityBible Publishing, 2001), p. 191.

20) Ibid., pp. 181-182.

21) C. Peter Wagner, *Churchquake!* (Ventura, CA: Regal Books, 1999), pp. 141-143.
22) 200명 고지를 넘어서는 것에 대한 상세한 설명을 보기 위해 다음 책의 제 1부를 참고하라. "Overcoming Small Church Barriers of 200 people by C. Peter Wagner," *The Everychurch Guide to Growth* by Elmer Towns, C. Peter Wagner and Thom Rainer (Nashville, TN: Broadman & Holman Publishers, 1990), pp. 21-70.
23) Lyle E. Schaller, *The Multiple Staff and the Larger Church* (Nashville, TN: Abingdon Press, 1980), p. 28
24) Gary L. McIntosh, *One Size Doesn't Fit All* (Grand Rapids, MI: Fleming H. Revell, 1999), p. 65.
25) John D. Beckett, *Loving Monday* (Downers Grove, IL: InterVarsity Press, 1998), p. 66.
26) Ibid., p. 67.
27) Steven Silbiger, *The Jewish Phenomenon* (Atlanta, GA: Longstreet Press, Inc., 2000), p. 15.
28) 이 정보는 위의 책 4페이지를 참고한 것임.
29) Ed Silvoso, *Anointed for Business* (Ventura, CA: Regal Books, 2002), p. 23.
30) Laura Nash and Scotty McLennan, *Church on Sunday, Work on Monday* (San Francisco, CA: Jossey-Bass, 2001), p. 128.
31) Ibid., p. 129.
32) Rich Marshall, *God@Work*, Volume 2 (Shippensburg, PA: Destiny Image, 2005), pp. 66-67.

오늘날의 사도

지은이 피터 와그너
펴낸이 김혜자
옮긴이 박선규

1판 1쇄 인쇄 2008년 10월 6일 | **1판 1쇄 펴냄** 2008년 10월 10일

등록번호 제16-2825호 | **등록일자** 2002년 10월
발행처 쉐키나 출판사 | **주소** 서울시 강남구 대치3동 982-10
전화 (02) 3452-0442 | **팩스** (02) 3452-4744
www.ydfc.com
www.tofdavid.com

값 11,000원
ISBN 978-89-92358-13-2 03230

※잘못된 책은 바꿔 드립니다.

쉐키나 미디어는 영적 부흥과 영혼의 추수를 위해 책, CD, TAPE, 영상물 등의 매체를 통해 하나님 나라 7대 영역(가정 · 사업 · 정부 · 교육 · 미디어 · 예술 · 도시)으로 확장되는 비전으로 나아가고 있습니다.